对外汉语本科系列教材 · 商务类

下

高级商务汉语会话教程

ADVANCED CONVERSATION COURSE OF BUSINESS CHINESE

刘丽瑛　编著

ERYA CHINESE
尔雅中文

北京语言大学出版社
BEIJING LANGUAGE AND CULTURE UNIVERSITY PRESS

图书在版编目 (CIP) 数据

高级商务汉语会话教程．下 / 刘丽瑛编著．— 北京：北京语言大学出版社，2013. 7（2024.8 重印）
（尔雅中文）
ISBN 978-7-5619-3558-3

Ⅰ. ①高… Ⅱ. ①刘… Ⅲ. ①商务－汉语－口语－对外汉语教学－教材 Ⅳ. ①H195.4

中国版本图书馆 CIP 数据核字（2012）第 139864 号

“十二五”国家重点出版物出版规划项目

书　　名： 尔雅中文　高级商务汉语会话教程 · 下
ERYA ZHONGWEN　GAOJI SHANGWU HANYU HUIHUA JIAOCHENG · XIA
责任印制： 周　燚

出版发行： 北京语言大学出版社
社　　址： 北京市海淀区学院路 15 号　**邮政编码：** 100083
网　　址： www.blcup.com
电　　话： 发行部　010-82303650 / 3591 / 3648
编辑部　010-82303647 / 3592 / 3395
读者服务部　010-82303653 / 3908
网上订购　010-82303668　service@blcup.com
印　　刷： 北京市金木堂数码科技有限公司
经　　销： 全国新华书店

版　　次： 2013 年 7 月第 1 版　2024 年 8 月第 6 次印刷
开　　本： 889 毫米 × 1194 毫米　1/16
印　　张： 课本 12/ 答案 1.75
字　　数： 281 千字
书　　号： ISBN 978-7-5619-3558-3 / H · 13134
定　　价： 65.00 元

教育不是灌输

而是点燃火焰

——苏格拉底

总　序

《尔雅中文——汉语言专业本科系列教材》（以下简称《尔雅中文》）是面向以汉语作为第二语言的学习者的汉语言专业本科学历教育教材，是继20世纪90年代至21世纪初出版的《对外汉语本科系列教材》之后推出的新一代大型系列教材。

近年来，国际职场对复合型汉语人才的需求猛增，对专业建设、教学改革、课程建设以及教材编写都提出了新的要求。我们顺应这一发展趋势，将汉语言专业的人才培养目标由以往单纯强调语言技能的"汉语专门型人才"调整为目前的具备"语言＋专业"复合能力的"汉语通用型人才"，在汉语言专业陆续增设一些新的方向，凸显出汉语言专业课程体系的时代特色。但是，我们充分认识到，对于汉语言专业的学生而言，核心问题仍是如何更有利于自身语言能力的提高，特别是语言交际能力、认知能力、跨文化交流能力等综合性、复合型能力的提升。因此，我们虽在语言技能、语言知识课程外增设了较为系统的历史文化、国情社会、经济商务等方向课程，但是这些课程不是用来灌输知识的，而是为更好地扩展语言能力而服务的，以语言能力培养为核心的理念并未改变。

《尔雅中文》教材体系与专业课程体系紧密相连，包含了横向和纵向两个序列：横向上，在不断完善语言技能、语言知识、文化系列教材的基础上，增设了较为系统的商务、翻译、教学等专业方向的专业语言技能和专业知识教材；纵向上，建立了更为缜密的综合课与听、说、读、写、译各分技能课的一至四年级的梯度等级，平衡了一般技能课跟各序列的专业技能课、知识课的比例。横向与纵向协调发展，形成了汉语言专业本科大型教材的网状系统，最大程度地体现出专业教学的系统性、关联性、层级性和针对性，也为以汉语言专业为依托、面向汉语作为第二语言学习者的本科专业群的建设奠定了坚实的基础。《尔雅中文》教材相对应的课程序列与梯度等级如图所示：

课程序列与梯度等级示意图

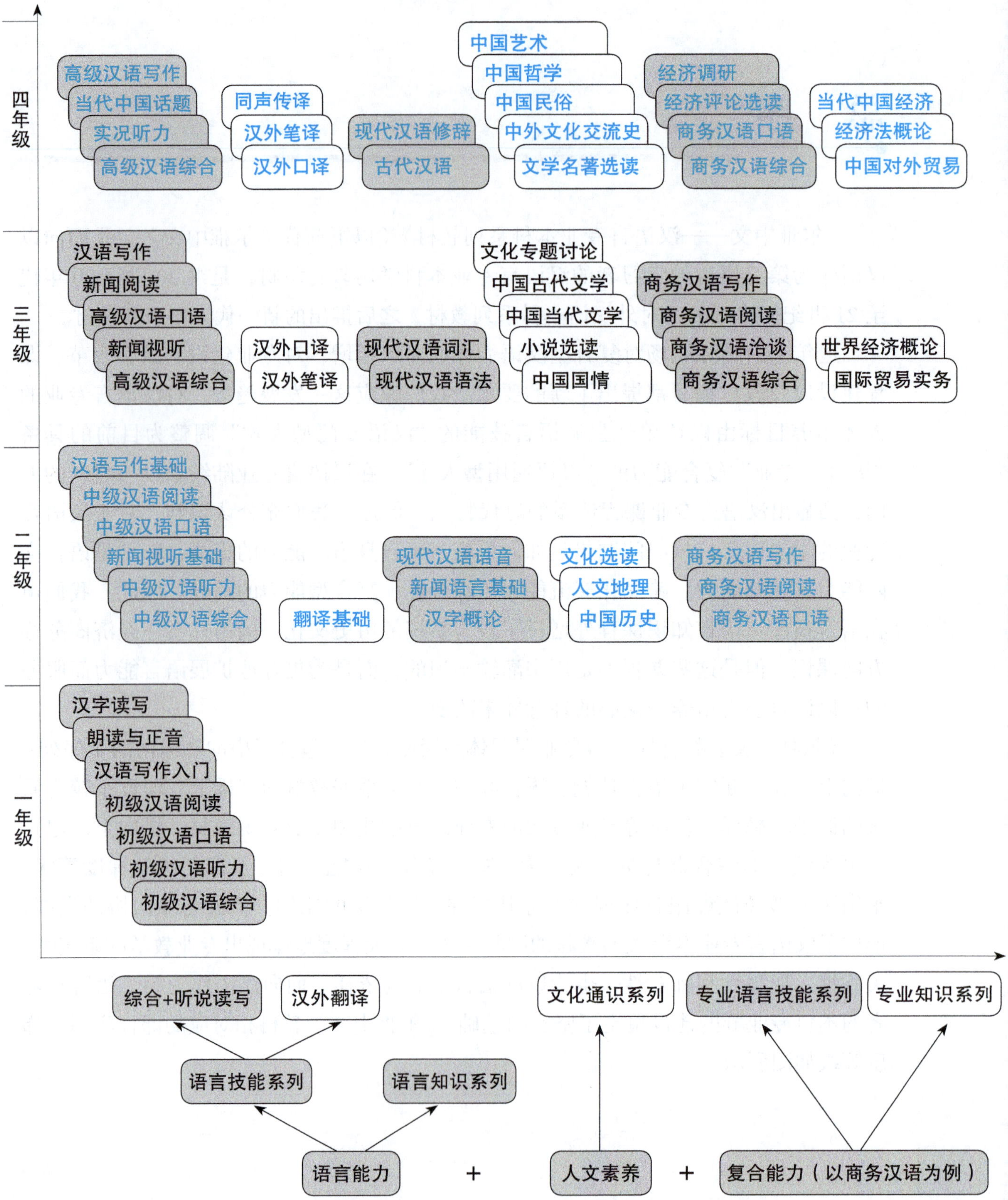

汉语言专业本科系列教材·商务类
SERIES OF CHINESE TEXTBOOKS FOR COLLEGE STUDENTS · BUSINESS

"十二五"国家重点出版物出版规划项目

高级商务汉语会话教程
BUSINESS CHINESE: ADVANCED CONVERSATION

下

刘丽瑛 编著

ERYA CHINESE

尔雅中文

参考答案

北京语言大学出版社
BEIJING LANGUAGE AND CULTURE UNIVERSITY PRESS

第一单元　眼球经济

第一课　产品定位

课堂练习

一、问一问

1. 对上一年度的销售地区和销量进行了调查。
2. 通过市场调查，他发现激发消费者购物的是“优势需求”。
3. 根据调查数据，汪先生发现，激发消费者购物的是“优势需求”。就是说，消费者最需要的是什么，它就是广告定位的依据。
4. 根据调查数据，汪先生认为下年度的广告诉求应由原来注重鞋的样式转变为穿着舒服、耐用。
5. 我认为，前者强调的是，只要商品的质量好，没有广告宣传，也不愁卖不出去；后者的意思是说，商品质量虽好，但没有广告宣传，也会影响销量。

课后练习

一、练一练

1. 广告定位很重要，就是说，广告定位是根据消费者的优势需求来决定的。
2. 我觉得投资前的广告宣传很重要。举个例子说吧，L公司来华投资的前一年，就开始在中国刊播广告，现在已成为中国消费者熟知的品牌了。
3. 关于明年的广告宣传，还需要进行市场调查。具体地说，就是等调查结果出来以后再研究。

二、答一答

汪经理，前边您说的“优势需求”，不知是否可以这样来理解：通过这个柱形图可以看出，2011年顾客的关注点有了明显的变化。您是想说，根据调查的数据，下年度的广告诉求应由原来注重鞋的样式转变为穿着舒服、耐用。要是这样，我相信，明年的销量会大有起色。

汪经理，关于明年的广告，我想插一句，行吗？您也知道，做广告一定要建立在消费者的需求上，才能激发消费者的购买力。通过上年度的调查，我们发现，44%的消费者对鞋的需求有了新的变化，由原来注重鞋的样式转变为穿着舒服、耐用。我建议，下年度的广告应注意这个问题，您说呢？

汪经理，长话短说。通过这次调查，我们发现，中国消费者的关注点有了新的变化。2010年，消费者对商品的关注排序是样式、价格、耐穿和舒服，而2011年舒服和耐穿分别排在了第一、二名。您也知道，激发消费者购物的是优势需求。刘经理，通过数据分析，我建议，重新策划下年度广告。您看，这样行吗？

第二课　广告预算

课堂练习

一、问一问

1. 他希望把机动费用单列出来，这样一目了然。
2. 简单地说吧，机动费用包括服务管理费、公关费，还有一些杂费开支。
3. 下月初，预支10%的订金，其他的按执行时间来支付。
4. 他认为，前期主要是以电视广告为主。一段时间后，再扩大到报纸或户外的路牌广告。说得明白一点儿，就是把电视、报纸和户外广告结合起来，刊播的时间要有交叉。
5. 恭敬不如从命。

课后练习

练一练

1. 张先生，最好在三天内做好广告策划书。
2. 简单地说，下年度的广告需要重新策划。
3. 我说啊，还是问卷调查后再决定，以免出现偏差。

第三课　广告设计

课堂练习

一、问一问

1. 她的意思是，既可以单独播放，又能在不同时期播放。
2. 一个是为了去德国参展时用，另一个目的是展会后还要在德国继续播放。
3. 提出了两点修改意见。一个是广告词要限制在六个字以内。还有，广告画面的色调再淡雅些。就是说，色调的搭配反差大些，她认为效果会更好。
4. 双方都认为最佳的媒体组合是电视与报纸搭配，而且要选择收视率高、发行量大的媒体刊播，这样信息覆盖面大。
5. 他是这么说的："拜托啦，替我们多美言几句呀。"

课后练习

一、练一练

1. 长话短说吧，这事很复杂，我持保留意见。
2. 直说了吧，我希望把广告词修改一下。
3. 我的理解是，他还是希望继续合作。

二、答一答

第一，投入期。这一阶段的广告应以消费者对广告产品的认知和关注为主要目的。

第二，成长期。这一时期的广告应在消费者“对品牌选择”“诱发购买”上提出具体要求，以提高销售份额为主要目的。

第三，成熟期和衰退期。这一时期的销售额增长缓慢，市场趋于饱和。针对需求的减少，为维持市场占有率，广告制作应以培养消费者对品牌的忠诚度为主要目的，使消费者记住产品和商标。

单元综合练习一

一、1. 穿着（zhe）舒服　　4. 屏幕（píng）　　7. 曲线（qū）
2. 外行（háng）　　5. 例子（lì）　　8. 反差（chā）
3. 图样（yàng）　　6. 会计（kuài）　　9. 策划（cè）

二、1. 广告定位主要有产品形象、市场定位、广告对象、产品定位等四个方面的内容。
2. 五大广告媒体指的是报纸、电视、广播、杂志、网络等媒介（Media）。
3. 广告预算书中的费用应包括调研费、设计费、媒介费、制作费、管理费、机动费等方面的支出。
4. 户外广告包括路牌、霓虹灯、灯箱、招贴、电子等广告形式。
5. 在制定广告策略时，主要会涉及广告定位、广告诉求点、广告传播方式、广告发布时间等四个方面的内容。

三、1. 酒好也怕巷子深（E）
2. 欲速则不达　（A）
3. 亲兄弟，明算账（B）
4. 隔行如隔山　（C）
5. 恭敬不如从命　（D）

A. 过于性急反而达不到目的。
B. 无论什么关系，都要分清各自的利益。
C. 对某事物不明白或不懂。
D. 接受对方的安排、决定等。
E. 要注重宣传，提高知名度。

四、1. 与上一年度相比，广告费用的投入基本持平。
2. 广告都刊播一个多月了，可销量还没有什么起色。

3. 要不是仰仗您帮助，这次可就吃大亏啦。

4. 广告预算只能粗算，多退少补嘛。

5. 下次在赵经理那儿，别忘了替我多美言几句。

案例分析

【分析】

瑞士雷达表是国际知名品牌，作为第一个“吃螃蟹”的人，史丹拿先生是第一个进入中国广告界的外国人，他是瑞士雷达表公司销售与市场营销副总裁。在位期间，他把提高商品的知名度、激发消费者的购买欲望作为首要目的，从而实现了营销目标。此外，在不同时期的广告活动中，他所确定的广告目标明确，广告对象的针对性强，这也是雷达表广告策划成功的主要原因之一。

【问题】

1. 广告定位准确，即从个体商人逐步转向那些喜欢超前设计、有个性主张、有经济实力而又不喜欢张扬的年轻人。戴块雷达表，是身份的象征。
2. 随着经济的快速发展，中国人的生活水平不断提高，应当拓宽广告消费对象的范围。

补充阅读

二、经营之道

【思考题】

1. L公司的市场定位是以北京地区为主，广告对象定位在18岁至35岁的女性消费者。商品形象定位在酸奶的不同口味。
2. L公司对广告媒体的组合分为三步走：首先，电视广告与公交车候车亭广告最先出现，这样可以增加品牌的曝光率和覆盖范围。接着，又选择在超市附近的高层住宅区的电梯，每月更换新的楼盘。这样就能缩减成本，扩大宣传的覆盖面。其后，又搞促销活动。在暑假期间，推出“母子同心日”的公关活动，目的是提升企业的形象，拉近与消费者的距离，为市场远期目标做准备。

第二单元　品牌的保护伞

第一课　提出异议

课堂练习

一、问一问

1. 对乐斯公司注册商标提出撤销商标注册的申请。
2. 一是向当事人介绍该案的进展情况，二是乐斯公司提出私了此事，想征求当事人的意见。
3. 如果能补偿他们的损失，乐斯公司同意撤回商标注册申请书。
4. 他认为，乐斯公司是恶意抢注，不按游戏规则办事，就应该受到惩罚。
5. 王律师说的“当事人”，指的是L公司。

课后练习

一、练一练

1. 对不起，此事已委托他人办理了。｜就这么决定了，以后你就不要再过问此事了。

   对不起，此人已经辞职，不在本公司工作了。
2. 代理与包销是两种不同的贸易形式，二者与货主的关系不同。

   我认为他们的性格与爱好完全不同，二者没有可比性。
3. 据有关部门统计，商标注册申请数量呈逐年上升趋势。

   据有关权威人士透露，近期就会有结果。

第二课 侵权纠纷

课堂练习

一、问一问

1. 意思是说，不少人都在关注L公司抢注商标一案的判决结果。
2. 他的意思是说，来华的投资者会因此相信中国的法律是公正的。
3. 红光公司认为，“利洁”并不是什么驰名商标。注册的域名属于善意在先注册。
4. 第一，利洁商标一定要认定为驰名商标。第二，要有证据，证明红光公司是恶意抢注。
5. 文森特认为，红光公司将“利洁”的英文商标注册在他们的域名上，这就是恶意抢注。

课后练习

一、练一练

1. 红光公司知道“Clean”是利洁公司注册的英文商标，但还是把它作为自己的域名向有关部门申请注册了。上述情况表明，红光公司的这种做法属于恶意抢注行为。
2. 2001年6月，利洁公司在华注册了该商标。同年10月，在苏州园区建厂，开始生产注册产品。
3. 2001年10月，利洁公司在苏州园区建厂，开始生产注册产品。在此之前，公司还利用多种媒体对使用注册商标的商品进行了广告宣传，投入了大量的广告费。

二、答一答

1. 为什么外商都在关注乐斯公司抢注商标一案的判决结果？

关于乐斯公司抢注商标一案，可以说一石激起千层浪。说老实话，不少人都在关注。这回终于有了结果，我觉得这是对中国法律的一次检验。这关系到外企在华的长远发展。

关于乐斯公司抢注商标一案，来华投资的企业都在观望。说老实话，这一结果不能小看哪，这回呀给投资者吃了个定心丸。这坚定了投资者在华的投资信念，最重要的是，他们对中国的法律有了信心。

说老实话，这个结果不能小看哪。说得明白一点儿，这回呀给投资者吃了一个定心丸。最重要的是，投资者对中国的法律有了信心，坚定了他们在华投资的信念。

第三课　转让使用权

课堂练习

一、问一问

1. 今天客人太多，怠慢啦。
2. 供方的附加条件是，要求受方一次性买断那家鞋厂。
3. 鲁先生认为，他们在德国投资时间太短，摊子不宜铺得过大。再有，一次性买断那家鞋厂，资金周转不开。
4. 准备了两份资料，一份是商标注册证书的原件，还有，起草了一份商标使用权许可转让协议。
5. 双方商谈了三个问题，即许可使用商标的地区、商标使用方式、商标产品的质量等三个问题。

课后练习

一、练一练

1. 没关系，希望把我的意思转达给你的当事人。
   舒经理，我的当事人说，你很好客，果然如此。
   下次谈，我先转告我的当事人。
2. 你是说，受方只能在上述国家生产和销售的商品上使用该商标。
   关于商标使用方式，你是说，受方无权对商标进行改动，对吧？

3. 在商标使用期间，供方有权对产品质量进行监督。

注册商标的有效期满前，供方有义务办理续展手续。

单元综合练习二

一、1. 混淆（hùn） 4. 私了（liǎo） 7. 供方（gōng）

2. 那边（nà） 5. 正传（zhuàn） 8. 恶意（è）

3. 缩写（suō） 6. 限于（yú） 9. 惩罚（chéng）

二、1. 作为申请注册的商标可以包括数字、字母、图形、文字、三维标志、颜色组合等要素的组合。

2. 被注册的商标包括证明商标、集体商标、服务商标、商品商标等四类，享有商标专用权，受法律保护。

3. 供方在商标使用许可协议中主要规定许可方式、使用地域、授权期限、使用方式、侵权行为等方面内容。

4. 根据国际惯例，各国对商标注册主要有使用在先、注册在先、无异议在先等三种习惯做法。

5. 根据国际惯例，驰名商标的认定主要有法院认定、行政机构认定等两种方式。

三、1. 游戏规则 （C） A. 发展速度快，经营范围宽。

2. 先礼后兵 （E） B. 表示不要客气或不满意等。

3. 言归正传 （D） C. 事先规定的习惯做法。

4. 看你说的 （B） D. 引入主要话题或回到原来的话题。

5. 摊子铺得大（A） E. 事先告知或提醒对方，不行再使用强硬手段。

四、1. 这是他设下的一个陷阱，千万别去。

2. 说白了，这个理由很难让人相信。

3. 你有什么高见，说出来让我们听听。

4. 把这笔货款给他，给他吃个定心丸。

5. 我看，还是趁早摊牌吧，瞒是瞒不住的。

案例分析

【分析】

在此案中，美国多彩涂料专业有限公司与香港K公司是生产商与代理商的委托关系，被异议人明知该商标是异议人独创的英文缩写商标，并且在涂料等商品上享有声誉，却抢先将该商标在中国申请注册，在商业行为中属于不正当竞争行为。根据中国《商标法》第19条规定，对初步审定的商标，经裁定异议成立的，中国商标局不予核准注册。

【问题】

1. 该案例要说明对独创的、未申请注册商标而又为公众熟知的商标如何保护的问题。
2. 二者分别指的是美国多彩涂料专业有限公司（异议人）和香港K公司（被异议人）。
3. 该公司认为，其公司是"MULTISPEC"商标在全世界范围内的所有人，是集颜料、涂料研究、生产和销售于一身的公司。该商标是其公司英文名称"MULTICOLOR SPECIALTIES"的缩写。被异议人是其公司产品的销售代理，香港K公司向异议人购买的部分产品已销售到中国。被异议人未经授权抢先在中国申请注册此商标，是一种不正当的行为。

课上讨论

1. A. 刘总，听说了吧？"王致和"商标侵权一案，二审裁决，中方胜诉。说实话，刘总，这个结果不能小看哪，它给中国企业吃了个定心丸。最重要的是，坚定了中国投资者到海外投资的信念。你看啊，这是中国企业海外维权的第一案，也就是说，用法律说话，这是胜诉的关键。

   B. 刘总，刚才张总的话提醒了我，您也知道，"王致和"海外维权一事，他们胜诉了。这个结果不可小视，让更多的德国人了解了"王致和”，这有利于今后在德国市场的发展。你看，也给不少中国企业吃了个定心丸。“王致和”的经验教训对我们很有帮助，不能再走老路。刘总，我建议，产品进入国际市场之前，应该提前注册商标，同时申请专利注册，以免发生此类事件。您说对吧？

2. A. 刘经理，刚才听李总说，“王致和”胜诉了。明摆着嘛，欧凯是不正当的竞争行为。让我看，“王致和”胜诉的关键是有证据，证明欧凯公司是恶意抢注。根据法律规定，谁举报，谁举证。你看，“王致和”向德国法院提交了大量的证据。再有，“王致和”的代理律师是这方面的老手，非常有经验。我敢说，这是“王致和”胜诉的关键。

B. 刘总，说得明白一点儿，我认为“王致和”能打赢这场官司，关键它是中国的驰名商标。这是一。二呢，中德两国都是《成立世界知识产权组织公约》的成员国，在知识产权保护方面都要遵守共同的游戏规则。还有，近年来欧凯抢注了不少中华老字号的商标，显而易见，是恶意抢注。让我看，刘总，以事实说话，是“王致和”胜诉的关键。

补充阅读

二、经营之道

【思考题】

1. 因为用铁板压出的饼很有弹性，使他联想到需要有弹性的鞋。
2. 如果按做饼的方法，把烤过的橡胶放在制饼的铁板上压一压，然后钉在鞋底下面，是不是也可以提高鞋的弹性呢？
3. 根据试验的方法，威廉教授把这个发明用在运动鞋的改进上。就这样，富有弹性的耐克鞋问世了。
4. 该公司成功的秘诀是设计新款式，保证鞋的质量和交货期，并尽可能地降低包销成本。
5. 耐克公司是以转让商标许可使用权的方式到世界各地物色伙伴，寻找成本更低、质量更可靠、交货期更有保证的厂家，并与之合作。所以说，耐克公司的产量不受厂房、设备条件的限制。

第三单元　他山之石

第一课　专利许可

课堂练习

一、问一问

1. 黄刚希望在许可产品上标注“根据供方许可制造”。
2. 供方要求转让的S专利技术，只限于在中国境内使用。
3. 受方认为，对S专利许可产品的销售地区不要限制过严。
4. 受方认为，以受方机场的印戳日期作为交付的有效期。
5. 黄刚希望扩大许可产品的销售地区，而乔治的前提条件是“不包括S专利技术的转让地区”。也就是说，黄刚想了解供方许可产品销售地区的范围。

课后练习

一、练一练

1. 如果贵方能接受下列条件，可以扩大许可产品的销售地区。
2. 黄经理，上述条件如果能接受，我们还是可以考虑贵方的要求。
3. 恕我直言，贵方提出的条件，我们难以做到。

第二课　专有技术许可

课堂练习

一、问一问

1. 供方建议把两句话写在合同里。第一句是，受方不能向任何第三方透露技术资料或商业秘密。第二句是，受方不得向任何第三方披露F专有技术。
2. 受方认为，要从双方的利益考虑，还应该加一句。也就是：因供方原因而导致F专有技术泄密，受方有权要求赔偿。

3. 供方要求，改进的个别技术以书面形式说明，以免出现差错；供方认为，这种技术交换，双方是对等的。

4. 受方认为，引进的个别技术需要改进；在有效期内，对改进的技术，双方是无偿交换；改进技术的所有权应属于改进方；如果技术改进是一种创新，那就另当别论。

5. 在上海、北京等六大城市，有代理维修服务中心。在有效期内，可以免费提供零部件和维修设备。

课后练习

一、练一练

1. 恕我直言，如果是因受方的原因而导致专有技术泄密，受方应承担赔偿的责任。
2. 我方希望把上述问题写在合同里，比方说，售后服务和技术人员的培训问题。
3. 苏经理刚才谈的几点意见，显而易见，是不同意这种做法。

第三课　交钥匙工程

课堂练习

一、问一问

1. 周厂长认为，要保证受方技术人员在供方工厂培训期间，能够掌握制造合同产品的技术。
2. 周厂长希望日方能派称职的技术人员赴合同工厂进行技术服务。
3. 他解释说，现在的制造成本高于两年前。再有，设备的组件是自制的，而部分散件是外购的，细算有困难。
4. 他认为，可以参照光华的报价，下调一半。
5. 吉田同意下调4%的价格，但技术价格不变。

课后练习

一、练一练

1. 为了保证合同产品的质量，受方技术人员需要提前培训。

2. 有些问题不需要再讨论，可以参照先例来办。

3. 如果采取一揽子方式转让F技术，先将如下注意事项说明一下。

单元综合练习三

一、1. 披露（lù）　4. 标的（dì）　7. 一揽子（yì）

2. 泄露（lòu）　5. 下列（liè）　8. 称职（chèn）

3. 透露（lù）　6. 先例（lì）　9. 转让（zhuǎn）

二、1. 知识产权包括著作权、商标权、专利权，工业产权包括商标权、专利权。

2. 在国际技术贸易中，谈判主要分技术谈判和商务谈判两部分。

3. 商业秘密的范围大于专有技术，后者不包括经营信息、地域性、时间性。

4. 在国际技术贸易中，技术秘密也可称为技术诀窍、专有技术、诺浩。

5. 专利权具有国家授予、排他性、地域性、时间性等特征。

三、1. 因小失大（C）　A. 一定要提前预防。

2. 另当别论（D）　B. 很难兼顾到两边。

3. 刨根问底（E）　C. 为小利而失去更多。

4. 甘蔗哪有两头甜（B）　D. 不能混在一起谈。

5. 不怕一万，就怕万一（A）　E. 非要把事情搞清楚。

四、1. 你再考虑考虑，管理过严，效果不会好。

2. 你这是怎么啦？有话直说，别绕圈子。

3. 在这个时候，你能站出来说话，不失为好朋友。

4. 世上没有免费的午餐。绝对不可能。

5. 这样做有什么奇怪的？早就有先例了。

案例分析

【分析】

中国专利局把该项发明的专利权授予给日本甲公司，是对的。在该案中，甲公司在日本第一次提出专利申请的时间是 1997 年 5 月，同年 10 月又向中国专利局提出专利注册申请。由此可见，甲公司的申请日期早于乙公司，应该在华获得专利注册。

根据《巴黎公约》的规定，其成员国之间可以在一定期限内享有"优先权"。比方说，发明和实用新型为 12 个月，商标和工业品外观设计为 6 个月。我想大家也清楚，日本和中国都是《巴黎公约》的成员国，显而易见，可以享有专利申请的优先权。反过来说，如果超过了规定的期限，那就另当别论了。

【问题】

日本和中国都是《巴黎公约》的成员国，互相应该承认专利申请的优先权。在本案中，甲公司在日本第一次提出专利申请，在 12 个月内又向中国提出申请，该申请享有优先权，其在中国的申请日应为 2007 年 5 月而不是 2007 年 10 月。因此，甲公司的申请日期早于乙公司，而乙公司的专利申请被中国专利局驳回。

补充阅读

二、经营之道

【思考题】

1. 当企业面对外部环境时，也会像那三只蜥蜴一样采取不同的做法：有的主动改变环境，有的逃避环境，也有的主动改变自己去适应环境。
2. 我认为，企业应该根据自身的条件来决定。比方说，第一种方法需要企业自己有较强的实力，一般企业无法做到。第二种办法只能说是权宜之计，不利于长远发展。显而易见，第三种方法是可取的。面对激烈的市场竞争，企业只有主动改变自己，才能解决根本问题。杰克·韦尔奇说："只有主动改变自己去适应环境，才能生存于竞争激烈的市场大环境中。”我认为，改变环境不如改变自己，这就是适者生存的法则。

第四单元　借船出海

第一课　来件装配

课堂练习

一、问一问

1. 委托方（日方）私自改变了零部件的加工产地。
2. 有的零部件不配套，半成品的损耗率超标。
3. 应由委托方（日方）承担。
4. 加工方赚取的是工缴费。
5. 金厂长打算研发自主品牌的产品。

课后练习

一、练一练

1. 你看我，又把事给办砸了。| 你看我，又忘了通知他了。
2. 真是的，他怎么能这样呢？| 真是的，怎么能让他牵着鼻子走呢？
3. 你看你，他刚走，怎么不早来一会儿呢？| 你看你，总想省事，这怎么能行呢？

第二课　来料加工

课堂练习

一、问一问

1. 因为他们的客户被人挖走了。
2. 有个客户想加工毛绒玩具，他希望朱总承接这批活儿。

3. 来料加工的运费应由委托方承担。
4. 提出两点要求：一是希望采用对开信用证的方式，二是要看一下设计图纸。
5. “噢，怎么会呢？”（意思是为什么只有样品，没有现货）

课后练习

练一练

1. 何苦呢？跟这种人生气，不值。| 何苦呢？为这事生气，不值。
2. 还说呢，要不是你，我怎么会去找他？
3. 瞧我，又说错了。| 瞧我这记性，又忘啦。

   瞧我，又写错了。| 瞧我这张嘴，又把人给得罪啦。

第三课　进料加工

课堂练习

一、问一问

1. 双方商谈了三个问题：一是价格，即原料和出口成品分别作价。二是交付方式，即采用对开信用证的方式。也就是说，进料时开立远期信用证，成品交付时开即期信用证。三是包销问题，日方希望成品由他们全部包销。
2. 因为董事会决定，要尽快建立新的销售渠道。
3. “真是的，早不决定，晚不决定，偏偏这时候决定。”
4. 经海关检验，5% 的皮面有残次。
5. 如果抱怨某事没希望时，可以说“真倒霉，这回又没戏啦”，或者说“真倒霉，还得我去唱白脸儿”。

   如果劝说别人还有希望，可以说“算啦，还有机会”。

   如果埋怨或抱怨某事不该发生，可以说“干吗说变就变哪，经理”，或者说“真是的，早不决定，晚不决定，偏偏这时候决定”。

如果劝说对方不要抱怨，可以说“别发牢骚啦，这也不是谁能决定的”。

如果抱怨对方不该说某话，可以说“你看你，又发牢骚”，或者说“你看你，哪壶不开提哪壶”。

如果抱怨某人的做法，可以说“哼，净说好听的”。

课后练习

练一练

1. 真倒霉，怎么会有这种事？| 真倒霉，怎么遇见他了？
2. 你说你，怎么又来了？| 你说你，怎么办这种糊涂事？
3. 算了，别生气了，这种事多啦。| 算了，别想了，还是按规定办吧。

单元综合练习四

一、1. 容（róng）　　4. 残次（cì）　　7. 渠道（qú）
　　2. 谋（móu）　　5. 牢骚（sāo）　　8. 辅料（fǔ）
　　3. 莫（mò）　　6. 皮面（miànr）　　9. 扫兴（sǎo）

二、1. A方看中B方的产品，让B方生产，用A方商标。对A方来说，这叫OEM。
　　2. A方自带技术，委托B方按要求设计生产，产品由A方收购，这叫ODM。
　　3. 对B方来说，只负责生产加工别人的产品，然后贴上别人的商标，这叫OBM。
　　4. 加工贸易主要有来件装配、来料加工、进料加工、补偿贸易等四种方式。
　　5. “三来一补”指的是来件装配、来料加工、来样加工、补偿贸易等四种方式。

三、1. 过河拆桥（E）　　A. 两头落空，一无所获。
2. 鸡飞蛋打（A）　　B. 急需钱物做某事。
3. 以次充好（D）　　C. 谁也没有你合适。
4. 非你莫属（C）　　D. 用差的充当好的。
5. 等米下锅（B）　　E. 达到目的后把帮助过的人踢开。

四、1. 别卖关子啦，总经理到底去哪儿啦?
2. 你看，这种事总是让我去唱白脸儿。
3. 这回知道了吧，他最会挖别人的墙脚。
4. 出厂前，加工的成品一定要把好质量关。
5. 要注意，在加工过程中千万不能出岔子。

案例分析

【分析】

真是的，怎么能这样呢？想必你也注意到了，在第四批成品装运前，由于G公司临时要求改变成品包装，经其同意，圣德推迟成品供货的时间。货到目的港后，G公司以超过信用证规定的装运期为由拒收成品。我觉得，这毫无道理。再有，你看啊，由于G公司违约，拒开信用证，拒收已生产出的成品，圣德遭受了第四批货物的来回海运费用及在港搁浅费。除了这些，还有成品积压仓库的经济损失。算了，不说啦。

【问题】

要求G公司按合同规定向圣德一次性支付违约金。

要求G公司支付第四批成品的工缴费。

要求G公司偿还第四批货物的来回海运费用及在港搁浅费。

要求G公司偿付圣德支出的仓储费及其利息。

补充阅读

二、经营之道

【思考题】

1. A. 对第一个年轻人的做法，我觉得很遗憾。当然，他开始做的并没有错，很快就挣到了第一桶金。但随着市场的变化，他没把握好新的商机，所以失败了。算了，说这些已经来不及了。

B. 叫我说啊，第二个年轻人的做法有些不可理解。他这样做肯定会出问题。说句难听的话，这种做法已经不多见了。

C. 我觉得，第三个年轻人的做法不太真实。你看，如果没有足够的资金，是无法研究下去的，更不要说三年的时间了。说句难听的话，如果等米下锅，也许早就饿死了。

2. A. 怎么说呢？如果是我，开始会选择第一个年轻人的做法。等到有了一定的资金后，会像第三个年轻人那样进行研究。如果研究有了结果，我会与第二个年轻人合作，培育有自主品牌的新苹果。

B. 怎么说呢？如果是我，我会和那三个年轻人一起合作，让第一个年轻人搞销售，让第三个年轻人培育苹果树苗的新品种，让第二个年轻人负责种植新品种。嗐，说什么都是假的，重要的是要抓住新的机会。

C. 这么说吧，如果是我，我会和那三个年轻人一起合作，对苹果进行深加工。如果有机会，做出口贸易。算啦，还不知有没有这样的机会呢。

第五单元　重新洗牌

第一课　经营方式

课堂练习

一、问一问

1. 合资期满后，日方打算加大在华的投资力度，以新的方式合作。也就是说，提高投资股比的份额。再有，通过收购或兼并上游企业，降低生产成本。

2. 他认为，收购那家与他们有业务关系的零部件厂，再兼并一家玻璃制品厂。这么一来，既可形成产业链，又能降低生产成本。
3. 野村认为，邀请新的伙伴加盟，就不成问题。
4. 野村认为，收购和兼并上游企业，二者缺一不可。
5. 二者的目的不同。前者希望通过与中方磋商，调整在华的经营方式。后者通过实地考察，（日本财团）决定是否来华投资。

课后练习

练一练

1. 如此说来，贵方有意到中西部地区投资，对吧？
2. 依我看，引进新的管理人员，可以改变目前的状况。我敢断言，半年内肯定会有效果。
3. 叫我说啊，只有并购上游企业，才能降低生产成本。

第二课　合作方式

课堂练习

一、问一问

1. 朴先生希望席厂长接受兼并条件。
2. 他是说，把金先生引见（介绍）给席厂长。
3. 见面后，对投资比例和出资方式交换了意见。
4. 席厂长认为，金先生不想以合资的方式合作，从对方的情况来判断，金先生好像另有打算。
5. 朴先生认为，双方都在寻求新的发展机遇，过于坚持某种形式，也不见得是上策。如果采取兼并方式，对双方都有利。

课后练习

练一练

1. 照你这么说，我认为成功的概率不大。
2. 从你说的来判断，对方好像是另有打算，否则不会拖延这么久。
3. 没错，是这样。凭我的直觉，这事成不了。

第三课　合作伙伴

课堂练习

一、问一问

1. 因为还没有结果，属于商业秘密。
2. 江厂长认为，法方还没有决定是与日方联手来华投资，还是单独来华投资；法方与几家中资企业先后接触，希望以收购方式来华投资。
3. 法方希望对产品的差异性、市场容量、竞争对手的服务方式和销售渠道等四个方面进行考察。
4. 中方希望以合资的方式与法方合作，而法方想收购中方企业。
5. 因为在长三角地区，他们厂已小有名气，所以法方想收购他们厂。

课后练习

练一练

1. 照这么看来，贵方是另做打算啦。
2. 由此可见，贵方不想以合资方式继续合作，是吧？
3. 照这个说法，怎么合作还是个未知数，对吧？

单元综合练习五

一、1. 瓶颈（jǐng）　　4. 兼并（bìng）　　7. 调整（tiáo）

2. 分歧（qí）　　5. 上策（cè）　　8. 容量（róng）

3. 接触（chù）　　6. 不妨（fáng）　　9. 慕名（mù）

二、1. 外商投资企业应包括契约式合作企业、股权式合资企业和独资经营企业。

2. 投资的软环境主要是指政治稳定性、法律制度、社会文化。

3. 投资的硬环境主要是指交通、通信、能源、自然资源。

4. 长江三角洲地区主要包括苏州、南京、上海、杭州、宁波等城市。

5. 珠江三角洲地区主要包括广州、深圳、珠海、东莞、汕头等城市。

三、1. 水到渠成（D）　　A. 双方的看法相同。

2. 爱莫能助（B）　　B. 心有余而力不足。

3. 英雄所见略同（A）　　C. 计划做某事，能否成功不知道。

4. 机不可失，时不再来（E）　　D. 条件成熟，事情自然成功。

5. 谋事在人，成事在天（C）　　E. 遇事要果断，不要错过机会。

四、1. 如此说来，他迟迟不决定，是有其他原因。

2. 从交谈的情况判断，这次合作可能不会有结果。

3. 希望这次合作能够画上圆满的句号！

4. 如果马上拒绝对方的要求，这么一来，就没有回旋余地了。

5. 照这么看来，再这么拖下去，也不是个办法。

案例分析

【分析】

从上述情况判断，合营企业的投资总额为 9600 万美元，注册资本应占投资总额的 1/3，即 3200 万美元。由于双方在合营企业合同中所规定的注册资本是 1200 万美元，显然不符合上述规定。在规定的期限内，双方既没有增加注册资本的比例，也没有修改合营企业的合同和章程，这么一来，C 贸易公司合营企业签订的合同就是无效的，所以没有被批准。

课上讨论

A. 刘总，听说，中国政府否决了可口可乐收购汇源果汁的投资项目。说实话，这个结果不可小视。可以说，一石激起千层浪，一些外国投资者提出了异议。换个角度说，汇源在中国小有名气，已发展到一定规模。如果并购成功，对消费者极为不利，应该说后果不堪设想。无论怎样，叫我说，用法律说话，是政府管理市场的有效方法之一。

B. 刘总，坦率地说吧，可口可乐收购汇源果汁是企业多元化经营的发展方向。你看，这不是明摆着吗？可口可乐以收购的方式扩大产品在华的销售市场。换个角度说，汇源果汁在中国已小有名气。现在它的销售渠道良好，果汁产品的市场份额大，信誉高。最后，我只说一句话，如果可口可乐不改变与汇源合作的方式，一定不会有结果的。

C. 刘总，想必您也知道，可口可乐公司想以收购方式与汇源果汁合作，目的是为了扩大果汁产品的销售市场。但不可否认的是，汇源果汁在中国已小有名气，市场份额约占10.3%，产品销售渠道多。根据《反垄断法》，中国政府否决了这项收购计划。依我看，可口可乐收购汇源果汁是无可非议的。但换个角度说，如果收购成功，中国的民族品牌还能走多远呢？

D. 刘总，怎么说呢？真是一石激起千层浪。自可口可乐收购汇源的消息传出后，各界人士纷纷发表意见。根据网上调查显示，有近80%人持反对意见。直说了吧，刘总，我认为，机不可失，时不再来。如果收购成功，对汇源公司的长远发展有利。换个角度说，如果收购被批准，可口可乐将扩大果汁产品的销售市场。应该说，这是个双赢的项目。

补充阅读

二、经营之道

【思考题】

1. 诺基亚有限责任公司是由诺基亚河而命名的。
2. 诺基亚集团是由芬兰橡胶厂、诺基亚有限责任公司及芬兰电缆厂三家共同创建的。
3. 诺基亚集团是通过兼并方式创建的。

第六单元　做熟不做生

第一课　合作条件

课堂练习

一、问一问

1. 一方面是看中那里的地理位置，另一方面是自然条件吸引了他。
2. 他希望与沈老板合作，在澳洲共同兴建和经营一家国际休闲度假中心。
3. 如果投资回收期短，还是有吸引力的。
4. 如果与沈老板合作，他以土地使用权作为出资，包括基础设施的建设。沈老板负责项目资金的一半，分两次出。企业的经营管理，可以聘请职业经理来负责。
5. 沈老板舍不得放弃泰国的投资项目。因为单从税收上看，差距就很大。

课后练习

练一练

1. 他不知该不该去看小李，所以没有说话。原因就在这里。
2. 照这么说，李总，你也对这个投资项目感兴趣？
3. 我原来是在贸易公司工作这不假。可我现在当导游了。

第二课　合资条件

课堂练习

一、问一问

1. 因为总部希望早日确定合资对象。
2. 不好说。R 公司下周一召开董事会，那时就有结果了。
3. 他们的结论是，在欧盟地区投资大有发展潜力。
4. 哪方拥有控股权，这是他们合作的障碍。

5. 从以下三句话可以看出，中方非常希望与对方合作：

很抱歉，如果接受这一条件，下个月就可以签约。

看您说的，天时、地利都已具备，只欠你们这股“东风”啦。

那我就恭候佳音啦。

课后练习

练一练

1. 我说的嘛，怎么这么急呢。| 我说的嘛，怎么这么生气呢。
2. 说白了，要是不接受这一条件，贵方就不同意合资，是吧？
3. 看您说的，怎么会这样呢？ | 看您说的，怎么能轻易放弃呢？

第三课　聘请法律顾问

课堂练习

一、问一问

1. 目的有两个：一是为了表示感谢，邀请他来华参观访问；二是聘请他做中方的法律顾问。
2. 他们先后考察了四个国家，这个投资项目最理想。经过反复论证，才决定收购。
3. 非常好，不仅铁矿储量很大，全部是露天开采，而且原矿品位高，有害杂质少。
4. 既懂汉语，又了解当地的习俗和法律。
5. 中方是以独资方式经营，有些事需要马上处理。此外，交接的善后工作已经开始了，他们不太了解秘鲁的法律法规，要是处理不当，恐怕会留下隐患。

课后练习

练一练

1. 到现在对方还没有决定，说到底，还是在犹豫。
2. 看来，这件事不能再拖了，应该马上处理。
3. 直说了吧，因为那件事，黄经理已经被辞退了。

单元综合练习六

一、1. 双赢（yíng） 4. 棘手（jí） 7. 隐患（huàn）
2. 心里没底（dǐr） 5. 秘鲁（bì） 8. 法律（lǜ）
3. 政策（cè） 6. 尝试（cháng） 9. 打扰（rǎo）

二、1. 在国际贸易中，“贸易壁垒”的方式主要有技术标准、许可证制、配额制、关税、卫生检疫等等。
2. 如果以合作方式经营，中外双方可能就经营管理权、投资金额、利润分配方式等问题进行磋商。
3. “三资企业”指的是合资、独资、合作等三种直接投资企业。
4. 根据中国法律的规定，合营企业的外方可以商标使用权、专有技术、专利技术、实物作为出资方式。
5. “再生能源”指的是风能、地能、生物能、海洋能、太阳能等可再利用的资源。

三、1. 天时、地利、人和（E） A. 只差一个重要条件就成功了。
2. 无事不登三宝殿（C） B. 拜托一人来做几件事。
3. 一事不烦二主（B） C. 有事才来。
4. 醉翁之意不在酒（D） D. 本意不在此，而在别处。
5. 万事俱备，只欠东风（A） E. 各方面条件都具备了。

四、1. 这个项目如果上马，合作前景非常广阔。

2. 据权威人士分析，投资者更看好旅游房地产的潜在市场。

3. 这事到底能不能办成，我心里也没底。

4. 由于金融危机的影响，投资商品房的项目又搁浅了。

5. 我认为这事很棘手，不如拖拖再说。

案例分析

【分析】

Q公司能够成功地实施欺诈，具体来说，不外乎有两个原因：第一，在合作经营合同中，对Q公司先行收回投资没有任何限制条件来做保证。第二，对Q公司以合作经营企业的名义对外举债的行为，A、B公司事先没有采取任何限制措施。说到底，上述情况说明了一个问题：A、B公司没有防范投资风险的意识，才造成这样的后果。

补充阅读

二、经营之道

【思考题】

1. 以收购或合资方式实行跨地区扩张。

2. 青岛啤酒集团制定了品牌系列营销战略。就是说，各地啤酒厂质量指标的要求都相当严格，但“身份”不同，如青岛啤酒的主品牌、系列品牌、区域性品牌和地方性品牌。而地方性品牌还是原来的商标，只是在其上加注“青岛啤酒监制”的字样。这样有别于核心品牌，同时增强了可信度。再有，保持原有商标对当地消费者的亲近感。

3. 在短期内，分别收购上海嘉士伯和北京五星啤酒股权的同时，又在台湾投资建厂。还有，与美国AB公司签订了换股协议，实行战略联盟。

汉语言专业本科系列教材·商务类

高级商务汉语会话教程·下

国家级特色专业
国家级教学团队
建设成果

《尔雅中文》系列教材在继承上一代《对外汉语本科系列教材》长处的同时，更加贴近现实社会需要和学习者的需求，也融入了近些年汉语言专业课程建设与教学改革的多方面成果，从而呈现出崭新的面貌，形成了自己的特点。概括起来有以下四点：

一、总体设计更具系统性和前瞻性，最大程度地反映出专业人才培养的新目标

语言技能、语言知识、文化知识、专业语言技能、专业知识五大板块既相互关联，又各自独立。语言技能课程贯穿始终，凸显以培养语言能力为主的专业发展理念；文化知识序列不断丰富，体现出对汉语国际教育本质的全面认识，自觉地将提升人文素养、培养全面发展的人作为汉语言专业本科教育的最终目标；专业语言技能和语言知识课程在中高级阶段逐步增加，循序渐进，实现由初级的“语言技能+语言知识”基础能力向中高级的“语言+专业”综合能力的自然过渡。同时，各专业方向的教材各具特色，自成体系，体现了统一中的多样性，也体现了专业人才培养模式向厚基础、宽口径、复合型的转变。

二、语言技能序列的设计更具延展性，结构更加合理

作为面向汉语作为第二语言学习者的汉语言专业本科系列教材，由汉语综合技能与以听、说、读、写分立形成的各分技能训练无疑是其主干部分。这套教材的设计与编写，不仅填补了中高级阶段听、说、读、写分技能教材的诸多空白，而且增强译这一重要的技能，形成了听、说、读、写、译各自独立并相互关联的完整的分技能序列。与此同时，初、中、高各教学阶段逐层递进，且横向延伸，使得语言技能教材序列更加协调和完整。由于汉语综合课以及听、说、读、写、译各技能课都自成体系，具备面向初、中、高三个阶段、四个年级的多层级和覆盖面广的特点，因此，教材的使用范围、对象就不限于本科学历教育，而是对各种层次和需求的汉语学习者都具有不同程度的适用性，可以各取所需。

三、强化以学习者为中心的教材编写意识，跨文化视角更加突出

编写者大都为多年从事汉语作为第二语言教学工作的资深教师，基本上都具有海外汉语教学的经历，对不同课型的教学原则和实践策略有着较为深入的了解和体会，对大量同类汉语教材的编写理念以及教学法、跨文化交际理论等做过前期研究。从教师规划学习内容、层级、知识点，到编排教材中的练习及设计课堂活动，尽量从学习者的视角和跨文化的视角去安排、镕裁，换言之，更加重视教材编排跟教学过程、习得过程与效果的关联程度，使语言、文化和商务的教材内容更加丰富和生动，提高学生主动学习的兴趣以及课堂活动的参与度。

四、通过调查统计、大纲设计和试用试验等环节，教材编写有章可循，科学实用

新一代汉语言专业本科系列教材的编写工作启动于 2007 年，首先对原有教材、国内外市场同类教材的使用情况进行调研。编写者均为相应课型的任课教师，且大多参与过上一代教材的编写工作，对任务轻重和努力方向都有较深的体会。同时，组织资深的教学研究专家以及语言、文化、商务、翻译等领域专家，与教材编写小组共同研讨，确立各部教材的基调，审阅推敲文稿，斟酌取舍。教材编写过程较长，各位作者付出了大量心血，已编成的教材提交出版前大多试用过几个学期，对象涉及 80 多个国家和地区的上千名留学生，每学期

试用后，教师都会汇总情况，分析研究，做出适当的修订、更新。

大纲是教材编写的重要前提，并贯穿于整个编写过程。教材与大纲处于动态关系之中，大纲统摄教材，但并非一成不变，教材编写促使大纲趋于完善。本系列教材主要参照《高等学校外国留学生汉语言专业教学大纲》（2002）和《新汉语水平考试大纲（1—6级）》（2009、2010），同时参酌各类语言大纲、框架、标准、词表、调查报告等研究成果，其中的各个序列、各部教材都按照自身性质与类型，研制了便于操作的词汇、语法、功能及话题大纲，既自成一体，又相互照应。对此，各部教材都有自己的编写前言，会做更详细的说明。大纲编订与教材编写相辅相成，教材一面世，大纲也随即推出，如商务汉语方向的教材编写者同时研制出版了《经贸汉语本科教学词汇大纲》（2012），文化大纲的编订也与教材编写协调配合，这些使得教材编写的科学性和内在系统性得以保障。

根据不同的课程性质和专业方向，《尔雅中文》系列教材划分为四大序列：汉语言技能与知识、汉外翻译、文化通识、商务汉语。翻译往往被视为一种语言技能，原本可归入语言技能与知识序列，但鉴于翻译能力是一种复合能力，翻译类课程及教材在一至四年级自成一统，翻译综合课、口译课、笔译课等体系完备，且涉及多个国别，所以这里单列出来。

北京语言大学面向留学生开办汉语言专业的本科学历教育，始于20世纪70年代末，其成长过程见证了中国改革开放以来汉语国际教育的发展。历经几代人的辛勤努力，2008年9月，汉语言专业被批准为国家级高等学校特色专业，2010年7月，汉语言专业教学团队被评为国家级教学团队。这套教材的大部分编著者均出自这一专业团队。汉语言专业的每一步改革与创新，都离不开北语几代对外汉语教育工作者的关心与鼓励，离不开学校领导及海内外专家的大力支持。这里要特别感谢北京语言大学出版社董事长戚德祥、总编辑张健和各位责任编辑，这套教材历经数年终于得以问世，跟他们的严谨态度、耐心督促和细致工作密不可分，而教材得以入选新闻出版总署“十二五”国家重点出版物出版规划项目，正是教材编写规划团队与编辑出版团队精诚合作的结果。

系列教材取名“尔雅”，众所周知，《尔雅》是中国古代专门汇集、分类词语以供人学习的词典，这里取其字面义，“尔”通“迩”，“尔雅”指趋于雅正、得体。语言学习不可一蹴而就，是一个不断接近目标语和目标文化的累积过程，或许正因如此，英人威妥玛（Thomas Francis Wade）将其所编的汉语口语和书面语教材命名为《语言自迩集》和《文件自迩集》。我们编写新一代汉语言专业本科系列教材，同样是希望学生通过系统的学习，逐渐接近目标语言与文化，获得较强的跨文化交流能力，最终不仅要达到较高的汉语水平，而且要更加深入地了解中国社会政治经济和历史文化。

是为总序。

郭　鹏

于北京语言大学

本册序

近年来，汉语正以前所未有的态势在世界上迅速传播，为世人所瞩目。在当今英语已成为世界通用语言的局面下，汉语要成为世界广泛应用的语言，尚待时日。然而，值得关注的是，外国人学习汉语的动机，正日趋多样化。在某些应用领域，显现出为职业需求而学习汉语的趋向。随着社会需求的多样化，汉语已从以往汉学研究的工具，一跃而成为具有实际应用价值的语言，这是一个可喜的飞跃。商务汉语，或称经贸汉语的应运而生、蓬勃发展，就是明证。

商务汉语教学，是一种特殊目的汉语教学，也称专用汉语教学。这是汉语作为第二语言教学中一种特殊的教学类型。商务汉语课程，是为具有一定汉语基础的外国学习者开设的专业语言课程。商务汉语教材，是以商务知识为背景的汉语语言教材。随着汉语加快走向世界，学习需求不断多样化，各类专用汉语课程与教材还会不断涌现。目前已有的科技汉语、旅游汉语、文秘汉语、少儿汉语、艺术汉语等课程，便是适应学习者需求而开设的，时势使然，且前景看好。

专用汉语教学，既然是一种特殊目的汉语教学，对教师和教材也就有着特殊的要求。为此，近年来学界召开了多次商务汉语教材、教学及课程建设方面的研讨会，全国乃至世界各地从事商务汉语教学和教材编写的人员纷纷参与其中，共商商务汉语教学相关问题，成果颇丰：在商务汉语的性质、特点的确定上，取得了共识；在教材编写理念与编写思路、商务汉语课程设置与教学方法，以及商务汉语师资培训等方面，思想活跃，多有新见识。

商务汉语教学作为汉语二语教学的分支，对从事商务汉语教学的教师，除一般入职入岗条件要求外，还有特殊的要求。即要求商务汉语教师既要掌握扎实的汉语本体知识、厚实的中华文化素养、有针对性的独具特色的教学方法，还要掌握一定的商务专业知识。而编写商务汉语教材的人，则更应是商务汉语教学的行家里手。

刘丽瑛老师从事对外汉语教学工作三十多年，一直为汉语专业四年制本科生经贸汉语方向学生授课编教，几十年如一日，沉浸于商务汉语教学之中。先后共参与四套商务汉语教材的设计与编写，积累了丰富的经验。商务汉语教学与教材编写一直萦绕于心，寝馈不弃。对商务汉语教学的特点与规律，了如指掌，旨意尽窥。集多年积累，终成《高级商务汉语会话教程》。期间披阅数载，数度修改，试用多年，受到了使用者的一致好评。

教材甫一草就，刘老师就送到我面前。我阅读一过，深感教材颇具特色，是商务汉语教材走向细化和深化的标志性成果。前有张晓慧主编的《经理人汉语》，今有刘丽瑛主编的《高级商务汉语会话教程》。姊妹相伴，辉映成趣，使商务汉语教材更具有针对性，更加适合学习者的需求。《高级商务汉语会话教程》颇有新意，特色鲜明，概括如下：

一、以谈判用语为主体，新颖、实用、吸引人。教材使用对象明确，定位清楚。从编写思路可看出，《高级商务汉语会话教程》既是汉语口语教材，又是专用汉语教材。二者如何结合，怎样接口，怎样展现有机融合，一直是业内探讨的问题。本教材从汉语入手，由浅入深，逐层展开，自然引入商务汉语谈判的言语内容。诸如从“应聘”“提醒或暗示对方”“引入新话题”“以礼貌方式表示不满”等谈判必用话语，到“交货方式”“包装方式、材料及标志”“对进出口商品检验提出要求”“支付货款方式”“分期付款”“变更销售合同内容”等，顺势展开，自然流畅。商务谈判使用的汉语应为高级汉语，是专用汉语，是具有专业特色的汉语。教授这样的汉语并非商务专业知识的传授，但专业知识又是附着在汉语上的，汉语是载体，专业知识是内容。本教材在这二者的结合上浑然一体，处理得当。

二、本教材以教授商务谈判用语为目的。既然是谈判教程，当然是口语教材，但谈判的结果最后要付诸文字，必须兼及二者。本教材从口语入手，自然过渡到书面语。谈判本身是一项任务，故本教材选用任务型教学法，是十分恰当的。这种教学法以完成任务的方式，采用“用中学”“做中学”“体验中学”的理念，非常适用于商务谈判的汉语口语和书面语学习。但是，本教材并不拘泥于任务型教学法，而是根据商务谈判用语教学的需要，对任务型教学法进行了创新：在教材的编排上，首先以内容驱动，设定话题范围；然后通过引入语言功能表达方式进入商务谈判；最后才是商务汉语谈判的交际任务与策略的学习。从教学法视角观测，这种方法融合了当今世界通用教学法之长，必然会收到好的效果。

三、教材容量很大，编排方式独特，符合学习者的学习心理，也利于教师组织课堂教学。全书共18单元，分上、中、下三册，每单元设5个板块。其中第2板块为主体，围绕商务话题设计了3篇不同的会话课文，并在课文前设有“词语准备”，以了解本课词语；课文后有“情景会话要点”，概括课文核心内容；用“问一问”“说一说”“分组表演”组织课堂教学，提升学习者兴趣，便于学习者掌握。此前的第1板块，从交际任务、话题背景方面进行铺垫；此后的第3板块“背景广角”，对专业知识或术语进行注释；第4板块“单元综合练习”，通过各种练习题，从不同角度来消化吸收课文的内容；第5板块“补充阅读”，则可根据学习者的不同需求，或做课上补充材料，或做课下阅读资料。内容丰富，安排合理，各板块具有内在的有机联系，符合语言教学规律和语言学习规律。

四、本教材指令明确，教师会感到很好用。与其他教材不同，本教材将内容分为课前、课上、课后三个部分。生词、成语、俗语、惯用语以及相关背景资料，为学生课前准备的内容；课上结合情景会话课文，有问答练习、听说练习、角色练习、课上讨论等多种形式的练习；课后有作业、阅读等巩固、扩展训练。这种安排，因有课前准备，课上能省出时间，有助于语言任务的完成；课后有跟踪练习，语言学习更具有持续性。

尚有一建言，以使教材锦上添花。教材如能图文并茂就更理想，一些商品可用实物照相，有些场景，如港口装卸、谈判现场、生产车间、签字仪式等可附图。这样教材更好看，也更吸引读者。

五年的编写与试用，编者付出了大量心血，终于收获巨著三帙，可喜可贺。现教材已发排，即将付梓。我上面说的话，是我阅后的感言。我既未教过商务汉语，更未编过教材，实为门外汉。阅读教材后，钦佩之余，略抒愚见，以就正于方家。

赵金铭

致学习者

很高兴认识您，感谢您选择《高级商务汉语会话教程》。学习这套教材，有助于您用汉语参与一般性的商务活动，了解商务交往的基本礼仪；还可以熟悉国际货物合同的基本条款，并能运用相关的法律法规或国际惯例，向对方提出理赔或者索赔；也能了解各种贸易方式的常识性知识，与对方签订合同；通过搜集相关的商务话题资料，能够口头报告市场考察、开发、调研等方面的情况。我相信，学完本书，您的收获一定很大。

本套教材是北京语言大学汉语学院汉语言专业经贸方向三年级的教材，它同时兼顾了在中国或海外的其他学历教育或非学历教育的学习者。如果您已掌握了 3500 ~ 4000 个汉语常用词语和基础语法，这套教材还是比较适合的。如果是在教师的指导下学习，可根据学习时间来选择需要的商务话题；如果是自学，课文后的“情景会话要点”能帮助您了解商务话题的主要内容；如果想学习口语短语或句式，可在“分组表演”中找到您需要的委婉表达方式；在会话课文中，还能学会如何引入话题、转变话题、结束话题以及在谈话中礼貌地插入、重复、强调或引起对方注意等表达方式。练习部分有答案，可供参考。

本套教材共 18 个单元，分上、中、下三册，每单元分为 5 个板块。第一个板块：根据商务话题来设计“交际任务”“话题背景”和“关键词语”。第二个板块：根据不同的交际场景及交际对象，围绕单元商务话题，设计了 3 篇不同的会话课文。每篇会话课文后面，设有形式不同的练习题可供选择。课前，最好先进行“词语准备”，了解本课词语和习语的意思或用法。课上的“分组表演”，是学习训练的重点。第三个板块：“背景广角”是对专业知识或术语的注释，以便更好地学习会话课文。第四个板块：“单元综合练习”主要是为课前预习或课后复习而设计的练习题。第五个板块：“补充阅读”是课外资料，目的是开阔眼界，增加实践经验。

本套教材的词语总表和熟语总表的英语翻译由李岛负责，赵蔚彬老师校阅。致学习者、话题背景和背景广角的英文翻译由关重老师承担。在设计、编写和出版的过程中，本书得到了汉语学院各级领导的指导和帮助。在 5 年多的编写和试用过程中，弓月亭、黄梅等老师有针对性地提出了修改意见。初稿完成后，汉语学院教材专家审订小组的郭鹏、沈庶英等老师提出了许多宝贵的建议。初稿修订后，汉语学院聘请赵金铭教授、李扬教授审稿，并提出修改意见。在此一并表示衷心的感谢！

刘丽瑛

2012 年 8 月

To Learners

I am delighted to make the acquaintance of you and appreciate your choice of this course book, which may not only help you use Chinese for ordinary business activities and get the hang of basic propriety in business exchanges, but also enable you to learn the basic provisions concerning international contracts on goods and benefit from relevant laws and regulations or international conventions in making claims from the other party as well. It can also provide you with some common knowledge about various ways of trade and about how to make contracts with the parties concerned. Meanwhile, it equips you with the ability to make oral reports about your market investigation, development and study through collecting relevant topics and data. I believe that you will benefit a great deal from this course book.

The book is intended for the third-year language students majoring in commerce and trade in the College of Chinese Studies at BLCU. Just the same, it also caters to the need of students with either formal schooling or informal schooling inside or outside China. It is rather desirable for those learners who are in command of 3,500~4,000 commonly-used Chinese words and elementary Chinese grammar. You may, under the guidance of a teacher, zero in on certain business topics for study within the time allotted to you. You may learn by yourself the main ideas of those business topics from the *Essentials of Conversation* attached to each text. You can familiarize yourself with those euphemistic expressions you need in the *Group Performance* section if you set your mind on learning colloquial phrases or sentence patterns. You can also acquire through the texts of conversation those skills of how to introduce a new topic, change a topic, and end a topic as well as those modes of expressions in daily conversation such as polite interruption, repetition, emphasis, attracting attention and so on. Keys to exercises are provided for reference.

This course book consists of three volumes with 18 units in total. Each unit is divided into five sections.

Section I: *Mission-oriented communication, background information* and *key words* are presented in the light of the business topics.

Section II: Three distinctive texts of conversation around the business topics of each unit are designed according to different communication scenes and participants. Various types of exercises following each text for conversation are provided for you to choose from. Before class, you' d better do some *preparation* for the new words and idioms, getting to know their meanings and usages. In class, *group performance* is the major activity.

Section III: The background information can be used as notes on the subjects concerned and linguistic terms to facilitate your reading of texts.

Section IV: *Comprehensive exercises* for units are supplied for pre-class preparation and post-class review.

Section V: *Supplementary reading materials* help widen your horizon and to enrich your practical experience.

Mr. Li Dao did the English translation of the general list of words and idioms, while Mr. Zhao Weibin the proof-reading. *To learners*, *Background information* and *Panoramic background* were translated to English by Ms. Guan Zhong. In the process of designing, compiling and publishing of this course book, the leaders at various levels of the College of Chinese Studies rendered practical guidance and unreserved assistance. In the five-year-long course of its compilation and trial use, Ms. Gong Yueting and Ms. Huang Mei gave some important comments and suggestions on its revision. After the first draft was finished, the members of the textbook examining and revising expert group, including Mr. Guo Peng and Ms. Shen Shuying, gave many valuable suggestions. After the first draft was revised, the College invited Prof. Zhao Jinming and Prof. Li Yang to finalize it. To all the above mentioned, I hereby express my heartfelt thanks.

Liu Liying

August, 2012

公司组织结构图

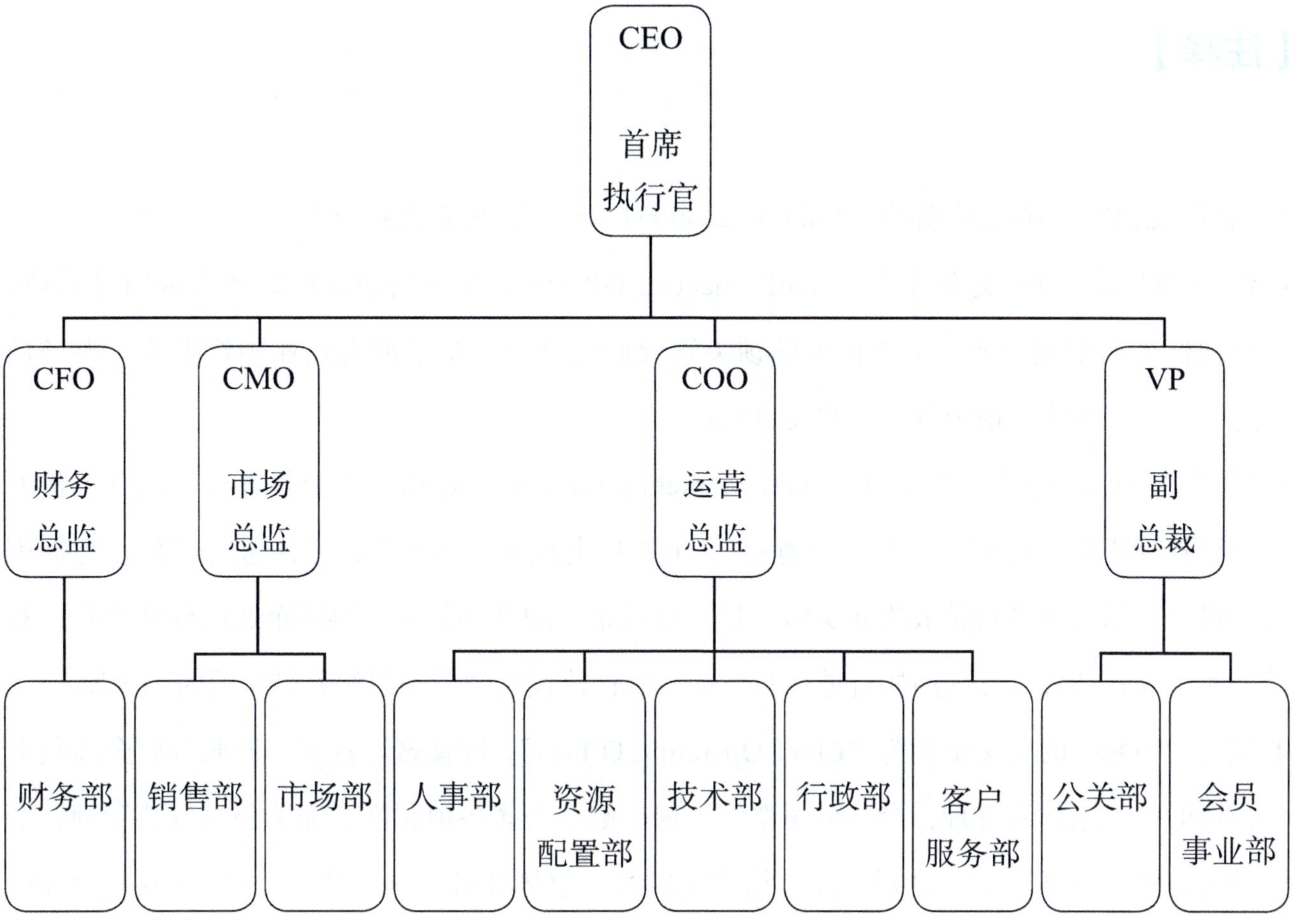

企业组织结构图

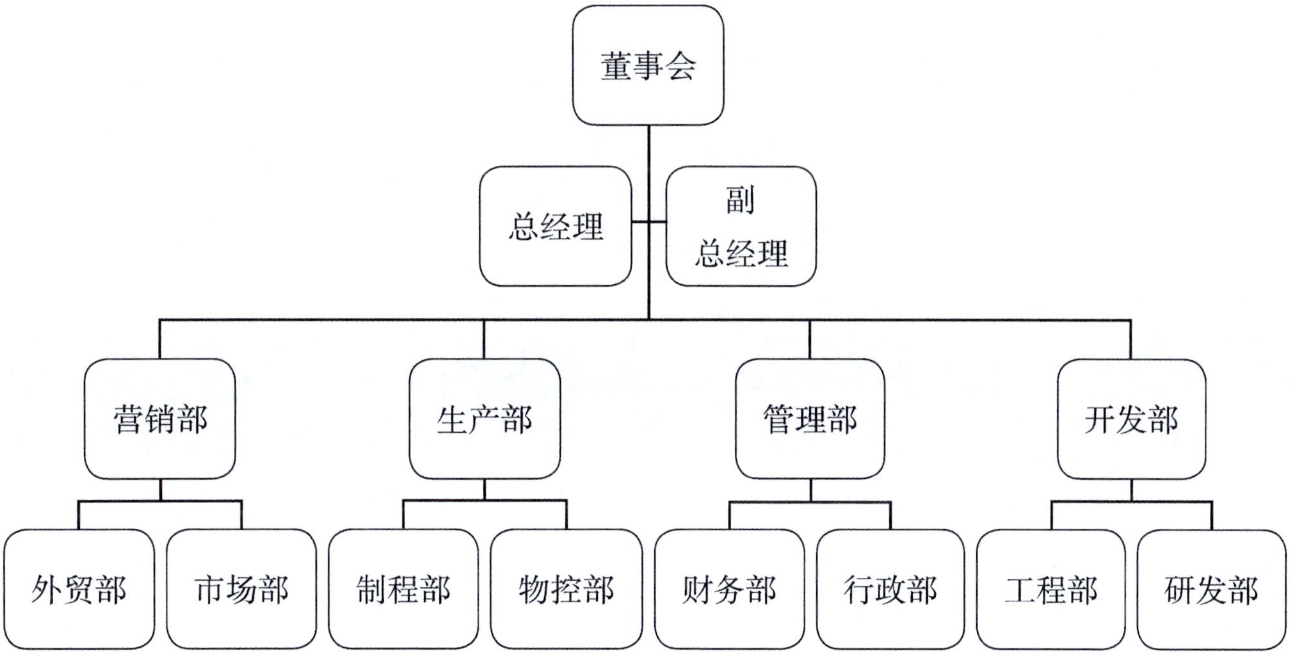

【注释】

1. 缩写“CEO”的英文全称为“Chief Executive Officer”，即首席执行官。
2. 缩写“CFO”的英文全称为“Chief Financial Officer”，是指公司首席财政官或财务总监，是现代公司中最重要、最有价值的顶尖管理职位之一，是掌握着企业神经系统（财务信息）和血液系统（现金资源）的灵魂人物。
3. 缩写“CMO”的英文全称为“Chief Marketing Officer”，是指企业中负责市场运营工作的高级管理人员，也可称“首席营销官”。主要负责在企业中对营销思想进行定位；把握市场机会，制定市场营销战略和实施计划，完成企业的营销目标；协调企业内外部关系，对企业市场营销战略计划的执行进行监督和控制；建设企业营销组织并进行适时的激励。
4. 缩写“COO”的英文全称为“Chief Operating Officer”，即首席运营官。该职位要全面负责公司的市场运作和管理；参与公司整体策划，健全公司各项制度，完善公司运营管理；推动公司销售业务，推广公司产品，组织完成公司整体业务计划；建立公司内部信息系统，推进公司财务、行政、人力资源的管理；协调各部门工作，建立有效的团队协作机制；维持并开拓各方面的外部关系；管理并激励所属部门的工作绩效。
5. 缩写“VP”的英文全称为“Vice President”，副总裁。如 Operation VP（运营副总裁）。

目 录

1 眼球经济

第 1 课　产品定位
第 2 课　广告预算
第 3 课　广告设计

交际任务：制作国际广告

一、解释重新策划广告的必要性
二、讨论广告片的修改及广告媒体的组合
三、以请求方式礼貌地提出要求或委托他人做某事

话题背景

所谓"国际广告"，是指广告主通过国际传播媒体，对进口国或地区的消费者所进行的有关商品、劳务、观念的信息传播活动。其目的在于通过广告宣传，使本国出口商品能迅速进入国际市场，树立国际品牌，扩大销量。由于市场环境不同，广告作为一种营销手段，可以选择不同的媒体进行宣传，如报纸、电视、广播、杂志、售点或网络等形式。但需要注意的是，策划的广告要真实可信，创意要新，否则会事倍功半。

广告信息"AIDA"模式 → 广告目的

引起 → 注意（Attention） = 产生 → 兴趣（Interest）

激发 → 欲望（Desire） = 促成 → 行为（Action）

激发消费者的购买动机 → 增加 → 可信、记忆、满意

The "International advertisement" is invited when publicities of certain products, services and concepts or ideas are given to consumers of import countries or regions through international communications and the global media. Advertisements aim at edging export products into international market, establishing world famous brands and promoting sales. As a means of marketing, advertisements in different markets can achieve publicity through different media, such as newspapers, TV, broadcast, magazines, point of purchase display, or Internet. Yet it should be noted that advertising ideas should be truthful and credible, and on the other hand, they should be creative and original. Otherwise, it might cost much but win little.

"AIDA" model → advertising purpose

Draw **attention** = arouse **interest**

Inspire **desire** = lead to **action**

Motivate consumers to buy → increase credibility, impression and satisfaction

关键词语

广告： 策划 (cèhuà)　消费需求 (xiāofèi xūqiú)　媒体组合 (méitǐ zǔhé)　定位 (dìngwèi)　诉求 (sùqiú)　预算 (yùsuàn)　播放 (bōfàng)　刊登 (kāndēng)　发行量 (fāxíngliàng)

收视率 (shōushìlǜ)　你是说 (nǐ shì shuō)　我要说的是 (wǒ yào shuō de shì)　具体地说 (jùtǐ de shuō)　说得明白一点儿 (shuō de míngbai yìdiǎnr)　是这样 (shì zhèyàng)

长话短说 (chánghuà duǎnshuō)　直说了吧 (zhíshuō le ba)

1 产品定位

词语准备

词语跟读

1	屏幕	píngmù	（名）	screen 这款手机的屏幕太小，看不清楚。
2	年度	niándù	（名）	year 公司需要提前预算下年度的广告费用。
3	持平	chípíng	（动）	equal; match; balance with 与去年相比，销售数量基本持平。
4	激发	jīfā	（动）	arouse; stimulate; set off; stir up 如何激发消费者的购物欲望呢？
5	层次	céngcì	（名）	gradation; level 年龄层次不同，需求也有所不同。
6	诉求	sùqiú	（名）	appeal 可口可乐的广告诉求点是什么？
7	面料	miànliào	（名）	material 这种面料做休闲装比较合适。
8	起色	qǐsè	（名）	improvement; signs of recovery; pickup 由于广告定位准确，销量大有起色。
9	未知数	wèizhīshù	（名）	unknown; uncertain 这件事结果如何，还是个未知数。
10	仰仗	yǎngzhàng	（动）	rely on; look to sb. for support 这件事还要仰仗各位的大力支持。

专名

马斯洛	Mǎsīluò	［人名］	Abraham H. Maslow （美国管理心理学家）

2 熟语学习

1. **隔行如隔山**　gé háng rú gé shān　Difference in profession makes one feel worlds apart.

俗语。常表示因从事的专业或行业不同而对某事物不明白或不懂，有时用于自谦。例如：

① 这么专业的词，我可解释不了。隔行如隔山嘛。

② 俗话说"隔行如隔山"，还是听听专家的意见吧。

2. **为时过早**　wéishí guò zǎo　premature; too early; too soon; earlier than expected

习惯搭配。"为时"表示"从时间的长短、早晚上看"，它也与"已晚""不多"等少量词语搭配使用，如"为时已晚""为时不多"等。例如：

① 如果现在就下结论，我认为为时过早。

② 医生说，他的生命为时不多了，可能还有 3 个月的时间吧。

3. **酒好也怕巷子深**　jiǔ hǎo yě pà xiàngzi shēn　Deeply buried gold cannot shine.

俗语。本课中的意思是"产品质量很好，也需要注重宣传推广"。例如：

A：产品质量好，怎么会卖不出去呢？

B：你这种观念已经过时了，酒好也怕巷子深哪。

情景会话

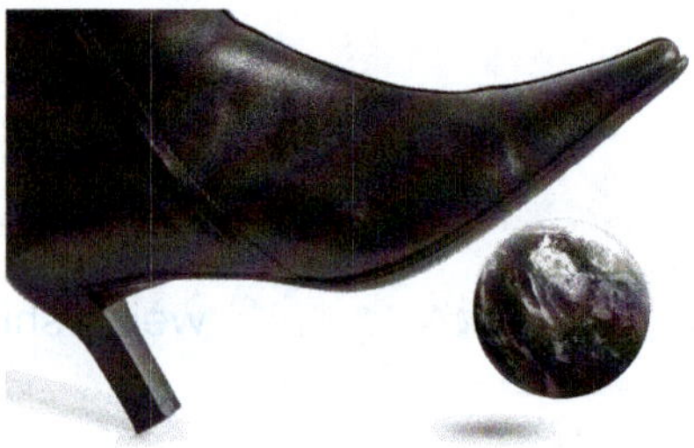

【人物】汪建国：北京奥特广告公司广告策划部主管

爱德华：意大利商人

【场景】意大利商人爱德华委托北京奥特广告公司制作明年的皮鞋广告。在会议室，汪建国经理正指着电脑屏幕上的图表向爱德华解释着什么。

汪建国：除了刚才说的，对去年的广告也进行了市场调查。应该说，是第一手资料。

用替代词语指代前面谈过的内容

爱德华：汪先生，是根据销售地区调查的吗？

汪建国：是的。这个饼形图，是销售地区的统计数据。主要集中在三个城市，销量占 92%。

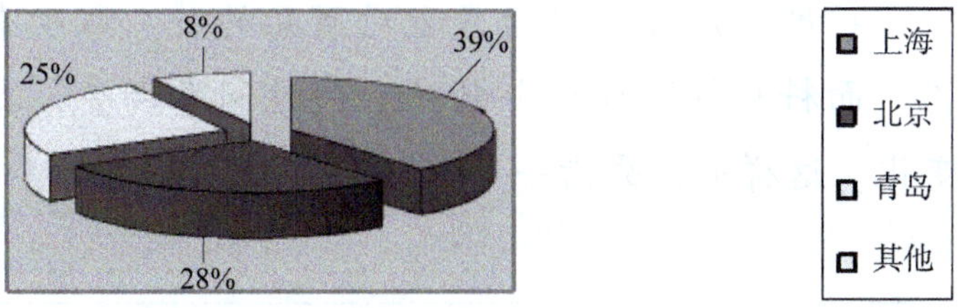

请看这个折线图，从图上可以看出上两个年度销量的变化。

对检测时间提出要求

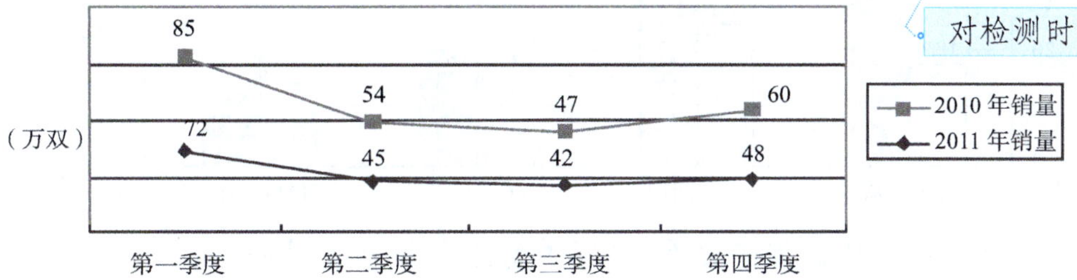

爱德华：从曲线的变化看，春节前后，销量明显上升，但其他各月基本持平。
汪建国：是的。通过数据分析，我建议重新策划明年的广告。
爱德华：哦？你的意思是说……
汪建国：你看，这次调查，我们发现，激发消费者购物的是“优势需求”。
爱德华：你是说，消费者最需要的是什么，对吧？
汪建国：对，就是这个意思。
爱德华：你是说，消费者的需求就是广告定位的依据。
汪建国：对，说得很专业。广告定位一定要建立在消费需求的基础上。
爱德华：那倒是，这是不变的真理嘛。
汪建国：你看，我们都知道，只有满足了低层次的需求，才会有更高的需求。
爱德华：没错，马斯洛的“需求层次论”就说明了这一点。
汪建国：我要说的是，广告诉求要以激发消费者的需求为目标。
爱德华：噢，我是个外行，听起来有些困难。
汪建国：哦，对不起，有什么问题吗？
爱德华：刚才你说的那句话，可以这么解释吗？
汪建国：啊？啊，这个呀，举个例子说吧。
爱德华：你看，好比说，我是个消费者，现在想买双鞋，不仅要考虑价格、样式和颜色，而且还要穿着舒服，对吧？
汪建国：没错，这就是消费者的需求嘛。你看，对皮鞋的需求也是多方面的。
爱德华：你是想说，哪个需求是最重要的，对吗？
汪建国：对，这就是我前面说的“优势需求”。
爱德华：哦，明白啦。让你见笑啦，真是隔行如隔山哪。
汪建国：不客气，可以往下说吗？
爱德华：哦，没问题。接着说吧。

解释说明广告重新定位的依据

解释说明原因

用替代词语指代前面说过的内容

举例解释说明某一问题

解释说明某一事物

以请求方式转变话题

汪建国：具体地说，上年度的广告是以消费者对商品的关心程度来排列的，就是说，按款式、价格、面料和舒适度这个顺序。通过问卷调查，我们发现顾客的关注点有了新的变化。这样吧，先看一下新的调查数据。

具体解释说明某一问题

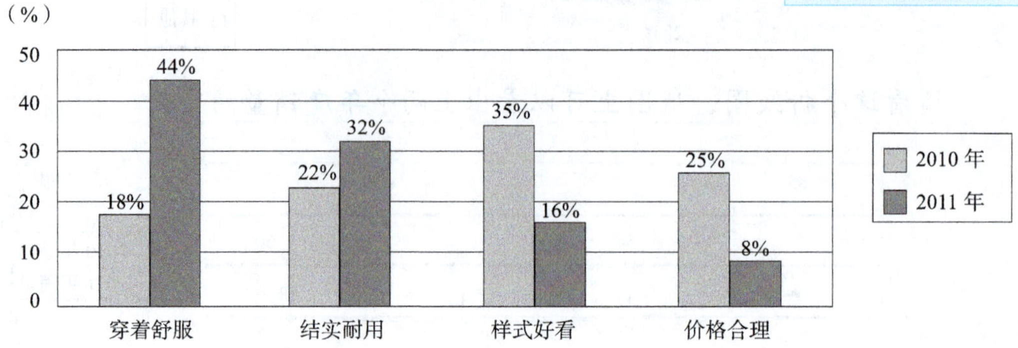

爱德华：（指柱形图）从数据变化看，"穿着舒服"排在了第一。

汪建国：是啊。根据调查分析，广告诉求应由原来注重鞋的样式转变为穿着舒服、耐用。我相信，明年的销量肯定会有起色。

爱德华：现在下结论还为时过早。

汪建国：也对。虽说销量是个未知数，但我始终持乐观态度。

爱德华：是啊，酒好也怕巷子深哪，这回可就仰仗贵方啦。

以请求方式委托对方做某事

汪建国：请放心，一定不会让你失望的。

情景会话要点

人物关系	销售地区（饼形图）	销售数量（折线图）	消费需求	消费者关注点（柱形图）	广告诉求	表达方式
汪经理（广告公司）	集中在三个城市，销量占92%		优势需求 广告定位的依据	有了新的变化	激发消费需求 重新策划 由样式转变为舒服、耐用	从……看 你是说 我要说的是 好比说 具体地说
爱德华（客户）	根据销售地区调查	明显上升 基本持平	消费者最需要	穿着舒服排第一	为时过早	

课堂练习

一 问一问

◆ 以第三者的身份回答下列问题：

1. 汪先生从哪几个方面进行了调查？
2. 通过市场调查，汪先生发现了什么问题？
3. 根据调查数据，汪先生认为广告定位的依据是什么？
4. 根据调查数据，汪先生认为下年度的广告诉求应该如何定位？
5. “好酒不怕巷子深”与“酒好也怕巷子深”，二者的意思有何区别？

二 说一说

◆ 如何礼貌地向对方解释说明情况或原因？例如：

1. 请看这个折线图，从图上可以看出上两个年度销量的变化。
2. 噢，我是个外行，听起来有些困难。
3. 刚才你说的那句话，可以这么解释吗？
4. 这就是我前面说的“优势需求”。
5. 酒好也怕巷子深哪，这回可就仰仗贵方啦。

三 分组表演

◆ 广告人礼貌地向对方解释广告重新定位的必要性：

提示词语：从……看　通过……分析　具体地说　由……转变为……　举个例子说吧　前面说的

提示句子：

1. 请看这个折线图，从图上可以看出上两个年度销量的变化。从曲线的变化看，春节前后，销量明显上升，但其他各月基本持平。我建议，重新策划明年的广告。您看呢？
2. 通过数据分析，我们发现顾客的关注点有了新的变化。具体地说，广告诉求应由原来注重鞋的样式转变为穿着舒服、耐用。我相信，明年的销量肯定会有起色。
3. 举个例子说吧。你看，好比说，我是个消费者，现在想买双鞋，不仅要考虑价格、样式和颜色，还要穿着舒服、耐用。通过调查，我们发现，消费者最需要的就是“穿着舒服”。这就是我前面说的“优势需求”。

◆ 广告主礼貌地向对方说明自己的看法或请求：

提示词语：可以这么解释吗　你是说　为时过早　话又说回来

提示句子：1. 噢，我是个外行，听起来有些困难。刚才你说的那句话，可以这么解释吗？你是说，哪个需求是最重要的，对吗？

2. 汪经理，现在下结论还为时过早。话又说回来，酒好也怕巷子深哪，这回可就仰仗贵方啦。

课后练习

一 练一练

▲ 用指定词语或结构说明你的看法或意见：

1. 你认为广告定位很重要，是由消费者的优势需求来决定的，如何解释说明？

______________________________（就是说）

2. 你认为，投资前的广告宣传很重要，如何以成功案例说明你的看法？

______________________________（举个例子说）

3. 关于明年的广告宣传，你希望市场调查结果出来后再研究，如何说明你的想法？

______________________________（具体地说）

二 答一答

1. 根据课文中的饼形图和柱形图，说明下年度的广告定位。

2. 你认为，如何运用马斯洛的“需求层次论”来策划商品广告？
（以可口可乐的广告诉求点为例）

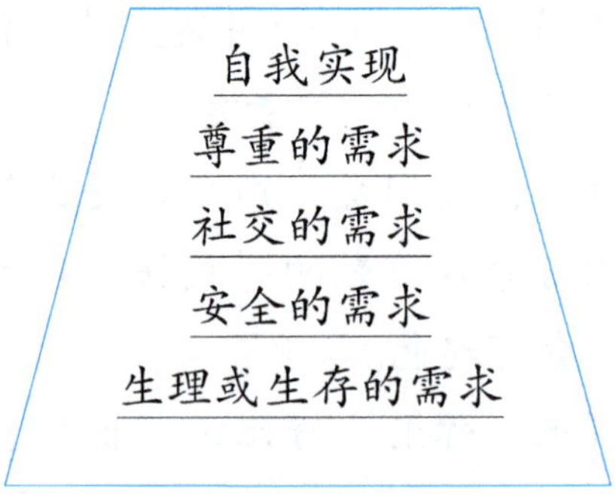

2 广告预算

词语准备

1 词语跟读

1	失敬	shījìng	（动）	Sorry, I didn't recognize you. 失敬，失敬，让各位久等了。
2	沏	qī	（动）	infuse 你给他沏杯蜂蜜水，解解酒。
3	预算	yùsuàn	（名）	budget 这是下年度的广告预算。
4	会计	kuàijì	（名）	accountant 我来介绍一下，这是李会计。
5	公关	gōngguān	（名）	public relations 请把公关费用单列出来。
6	开支	kāizhī	（名）	expenditure; expenses 我觉得这笔费用开支太大。
7	单列	dānliè	（动）	tabulate alone 每笔支出都要单列出来。
8	算账	suàn//zhàng	（动）	do accounts; balance the books; make out bills; work out accounts 算了半个月的账，也没算清。
9	预支	yùzhī	（动）	pay in advance 专款专用，谁也无权预支。
10	户外	hùwài	（名）	outdoors 户外广告可以分为哪几种？
11	刊播	kānbō	（动）	put an advertisement on 贵方希望选择哪种媒体刊播广告？
12	工夫茶	gōngfuchá	（名）	kungtu tea (a type of black tea) 他对广东潮州的工夫茶很有研究。

熟语学习

1. **一目了然** yímù-liǎorán be clear at a glance; understand fully at a glance

成语。形容“一眼就能看清楚”，常表示赞同某事物的原因。例如：

① 这个题目不错，让人一目了然。

② 我认为，麦当劳的广告定位很准确，让人一目了然。

2. **亲兄弟，明算账** qīn xiōngdì，míng suànzhàng even brothers keep careful accounts; correct counting keeps good relationship

俗语。意思是为了今后的友好相处，就是自家兄弟之间，也要分清楚、说明白。常表示在钱财方面应该如何做比较好。例如：

A：好朋友归好朋友，最好还是先付款，后提货，怎么样？

B：说得有理，亲兄弟，明算账嘛。

3. **恭敬不如从命** gōngjìng bùrú cóngmìng It is better to obey somebody than to decline respectfully.

俗语。意思是礼貌、客气地对待，不如听从对方的命令，常表示同意。例如：

A：张经理，今晚如果有空儿，董事长想为您饯行。

B：噢，恭敬不如从命，代我向董事长表示感谢。

情景会话

【人物】 布莱恩：天津洁丽有限公司代表

冯有财：C 广告公司经理

【场景】 为了在电视台播放 88 洗衣液广告，天津洁丽有限公司派人赴京与 C 广告公司商谈此事。会面地点定在福庄茶楼的 3 号茶室。

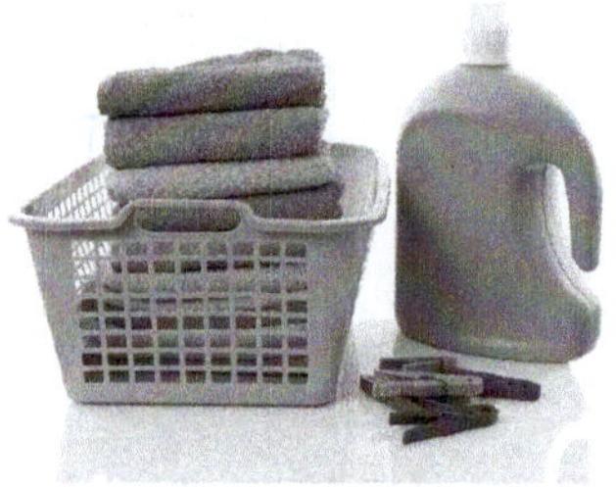

布莱恩：（握手）你好！失敬，失敬，让你久等啦。

冯有财：（握手）不客气，请，请坐。可以理解，下班高峰期，常堵车。

服务员：先生，开始吗？

冯有财：不，一会儿叫你，好吗？

服务员：好的，这是沏好的茶，随时可以添加开水。

冯有财：谢谢。（服务员离开后，拿出材料）你看，这是重新修订的广告策划书，商品定位在“强效去污”上。

解释说明广告诉求的重点

布莱恩：这个，一会儿再看。冯先生，能说一下广告预算吗？

冯有财：按惯例，只能粗算，多退少补嘛。

布莱恩：没关系，公司想知道大概的数额。

冯有财：那好。你看，这是会计做的预算。

布莱恩：（边看边说）大概涉及的费用有 5 项①，对吧？

冯有财：是的，这个数据不太准，只是粗算了一下。

布莱恩：最后一项，能解释一下吗？

以请求方式提出要求

冯有财：简单地说吧，机动费用包括服务管理费、公关费，还有一些杂费开支。

布莱恩：最好单列出来，这样一目了然。

解释说明所包括的费用

冯有财：也行，亲兄弟，明算账嘛。

布莱恩：我说啊，冯经理，周末前，最好提交一份广告预算书草案。

冯有财：恐怕来不及，下周一吧？

布莱恩：最好这个周五，我想回国前再看一下。

冯有财：那好，只好开夜车啦。

布莱恩：对不起呀，给你添麻烦啦。

冯有财：没关系，这种事常有。

布莱恩：谢谢。要是没变化，下月初，预支 10% 的订金，其他的按执行时间来支付。

冯有财：是这样。哦，对了，忘说了，媒体租金还没做预算。

布莱恩：不急。前期的广告费用投入要大一些，主要是以电视广告为主。

冯有财：可以，这样能快速提高产品的知名度。

布莱恩：一段时间后，再扩大到报纸或户外的路牌广告。

解释说明广告投放策略

冯有财：行，就按贵方说的，我们来做预算。

布莱恩：说得明白一点儿，最好把电视、报纸和户外广告结合起来。

冯有财：结合起来？你是说，广告媒体的刊播时间要有交叉？

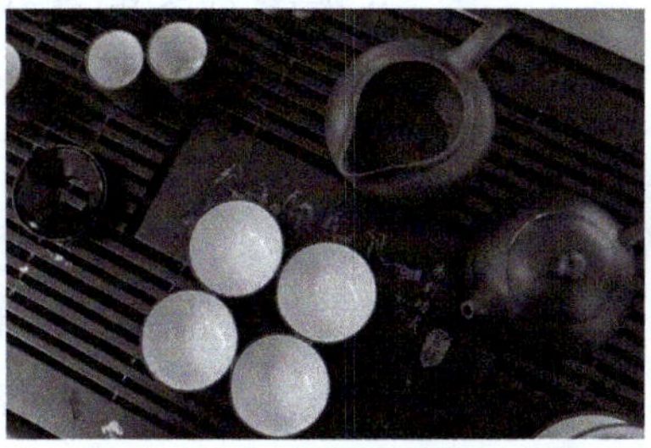

布莱恩：对对对，就是这个意思。你看我的汉语。

冯有财：哦，没关系。

布莱恩：那好，看一下广告策划书吧。

冯有财：这样好吗？先休息一会儿，让服务员来表演一下潮州工夫茶的冲泡方法。

礼貌地提出请求

布莱恩：好主意，恭敬不如从命。

① 广告预算所涉及的项目有市场调研费、广告设计费、广告制作费、广告媒体租金以及机动费用。

情景会话要点

人物关系	广告费预算（涉及5项费用）		广告策划书		广告费（支付时间）	表达方式
	机动费	媒体租金	广告诉求	广告媒体		
布莱恩（广告主）	单列出来			电视广告 报纸广告 户外广告 结合起来	预支订金 10% 按执行时间 支付	多退少补 简单地说吧 最好 说得明白一点儿 你是说
冯有财（广告人）	服务管理费 公关费 杂费	还没做预算	强效去污	提高知名度 刊播时		

课堂练习

一 问一问

◆ 以第三者的身份回答下列问题：

1. 关于机动费用，布莱恩先生提出了什么要求？
2. 一般来说，机动费用应该包括哪几项开支？
3. 关于广告费用的支付时间，是怎么规定的？
4. 关于媒体广告的选择和刊播，布莱恩先生提出了什么建议？
5. 当接受对方的建议或邀请时，可以用哪个俗语来回答？

二 说一说

◆ 当你委婉地向对方解释或请求时，怎么表明这一想法？例如：

1. 最后一项，能解释一下吗？
2. 最好这个周五，我想回国前再看一下。
3. 哦，对了，忘说了，媒体租金还没做预算。

4. 对对对，就是这个意思。你看我的汉语。
5. 说得明白一点儿，最好把电视、报纸和户外广告结合起来。

三 分组表演

◆ 关于广告预算，广告人说明情况或原因，并提出建议：

提示词语：按惯例　多退少补　你看

提示句子：按惯例，只能粗算，多退少补嘛。你看，这是会计做的预算。

◆ 关于广告媒体及租金，广告人说明情况或原因，并提出建议：

提示词语：简单地说　以……为……　提高……的知名度

提示句子：简单地说，前期的广告费用投入要大一些，主要是以电视广告为主。这样能快速提高产品的知名度。

◆ 关于广告预算，广告主礼貌地提出要求，并说明原因：

提示词语：能说一下……吗　最好　一目了然　我说啊

提示句子：1. 这个，一会儿再看。冯先生，能说一下广告预算吗？公司想知道大概的数额。

2. 对对对，就是这个意思。最好把机动费用单列出来，这样一目了然。

3. 我说啊，冯经理，最好这个周五，提交一份广告预算书草案。我想回国前再看一下。

◆ 关于广告媒体及刊播时间，广告主说明情况或原因并提出建议：

提示词语：说得明白一点儿　就是说

提示句子：说得明白一点儿，最好把电视、报纸和户外广告结合起来。就是说，广告媒体的刊播时间要有交叉，这样能快速提高产品的知名度。

◆ 关于媒体组合及租金投入的多少，广告主提出了建议：

提示词语：简单地说　说得明白一点儿　也就是说

提示句子：简单地说吧，前期的广告费用投入要大一些，主要是以电视广告为主。这样能快速提高产品的知名度。一段时间后，再扩大到报纸或户外的路牌广告。说得明白一点儿，最好把电视、报纸和户外广告结合起来。也就是说，广告媒体的刊播时间要有交叉。

课后练习

练一练

▲ 用指定词语或结构说明你的看法或意见：

1. 你希望在三天内做好广告策划书，如何礼貌地向对方提出要求？

______________________________（最好）

2. 你希望重新策划明年的广告，如何向对方提出建议？

______________________________（简单地说）

3. 你希望问卷调查后再决定，如何以解释的方式开始谈话？

______________________________（我说啊）

3 广告设计

词语准备

1 词语跟读

1	淡雅	dànyǎ	（形）	simple and elegant; quietly elegant 我觉得这几种色调比较淡雅。
2	反差	fǎnchā	（名）	contrast; definition; contrast grade 黑和白两种颜色搭配，反差强烈。
3	收视率	shōushì lǜ	（名）	audience rating 黄金时间的广告收视率最高。
4	发行量	fāxíngliàng	（名）	circulation 听说这家报社的发行量比较大。
5	覆盖面	fùgàimiàn	（名）	coverage 选择覆盖面大的报纸刊登广告。
6	图样	túyàng	（名）	pattern; design; draft; drawing; mold 你看，这是报纸的广告图样。
7	承办	chéngbàn	（动）	undertake 贵公司承办户外广告业务吗?
8	物色	wùsè	（动）	look for; seek out 他们公司正在物色广告代理商。
9	美言	měiyán	（动）	fine saying; make commending remarks; put in (or say) a good word for 请在经理面前多替我美言几句。

2 熟语学习

1. 欲速则不达　yù sù zé bù dá　haste makes waste; more haste, less speed

成语。有时也说“欲速不达”。意思是过于性急图快，反而不能达到目的。常用于劝说对方。例如：

① 这件事还是等等看，欲速不达呀。

② 一定要记住，办事要稳妥，欲速则不达。

2. 兼而有之　jiānéryǒuzhī　have both at the same time

固定词组。意思是同时具备几种情况，常用于说明看法或意见。例如：

A：我认为，要想选拔合格的人才，既要注重他的才能，还要考察他的品德。

B：说得对，二者必须兼而有之，才是一个可造之才。

3. 当仁不让　dāngrén-búràng　not decline to shoulder a responsibility

成语。意思是遇到应该做的事，主动去做，不退让，或指“理所当然”。例如：

① 总经理这个位置，赵华当仁不让。

② 贵方这么有实力，当然得当仁不让。

情景会话

【人物】关岚：某手机企业代表

比尔：T广告公司经理

【场景】在T广告公司的会议室，刚播放完手机的电视广告片，广告主关岚提出了问题。

关岚：比尔先生，刚才播放的广告，片长是多少？

比尔：总计35秒，头一个15秒，后两个各10秒。

关岚：从时间上看，可以单独播放，对吧？

比尔：是这样，策划时就考虑到这一点。

关岚：这么说，可以“一菜两吃”啦。

比尔：对呀，当初策划时是两套方案。

关岚：哦？能说得明白一点儿吗？

比尔：是这样，从长期目标考虑，我们策划了这套广告片。

以请求方式提出要求

关岚：这么说还是有些糊涂。我们制作这套广告片，是为了去德国参展。

比尔：没错。开始贵方是这么说的，后来又提出展会后还要继续播放。

关岚：哦，是这样。再具体说一下，好吗？

比尔：长话短说吧。15 秒的，突出产品的特点和优势。

解释说明广告诉求的重点

关岚：我的理解是，以长期效果为主，对吧？

比尔：没错，是根据产品的生命周期来策划的。

关岚：说得准确一点儿，就是可以在不同时期播放。

解释说明广告策划的目的

比尔：对，这样呢可以满足贵方的两个需要。

关岚：我还是要问一句，10 秒的可以单独播放，是吧？

比尔：这么说吧，这两个片子更注重产品的个性需求，前期播放，效果会更好。

关岚：哦，是这样。刚才我是想说，产品进入新市场，要让消费者了解它，记住它。

比尔：这个啊需要一个过程，欲速则不达嘛。

解释说明

关岚：那倒是。

比尔：你说的也对，广告记忆对消费行为很重要。

关岚：嗐，直说了吧，我觉得，插播的广告词似乎长了点儿。

解释说明修改的原因

比尔：哦，说了半天，是为这个！

关岚：你看，最好限制在六个字以内，这样便于记忆。

比尔：有道理。还有呢？

关岚：还有，广告画面的色调再淡雅些。

比尔：你的意思是，色调重了，对吧？

以解释方式确认对方的意图

关岚：不全是。色调的搭配呢，也许反差大些，效果会更好。

比尔：有道理，兼而有之嘛。

关岚：对对，就是这个意思。

比尔：明白啦。关于媒体组合，最佳的搭配是电视与报纸。

关岚：你看，要选收视率高、发行量大的媒体刊播。

比尔：是的，这样信息覆盖面大。请看，这是报纸的广告图样。

关岚：（边看边说）不错，就这样。

比尔：太好了，希望有机会再合作。

关岚：不瞒您说，我们老板打算委托一家广告公司专门承办国外业务。

比尔：说得明白点儿，是参展后的广告业务，对吧？

关岚：对呀，眼下正在物色对象。

比尔：哦，拜托啦，替我们多美言几句。

以请求方式委托对方做某事

关岚：贵方这么有实力，当然得当仁不让了。
比尔：有你这句话，我就放心啦。

情景会话要点

<table>
<tr><th>人物关系</th><th>广告策划</th><th>制作目的</th><th>广告诉求</th><th>广告媒体</th></tr>
<tr><td rowspan="2">比尔
（广告人）</td><td>后两个各 10 秒，
可以单独播放</td><td>前期播放，
效果会更好</td><td>注重产品的
个性需求</td><td rowspan="2">媒体搭配，
电视与报纸，
覆盖面大</td></tr>
<tr><td>头一个 15 秒，
可以在不同时期播放
（根据产品的生命周期策划）</td><td>以长期效果
为主</td><td>突出产品的
特点和优势</td></tr>
<tr><td rowspan="2">关岚
（广告主）</td><td>广告记忆：
广告词长了点儿</td><td>去德国参展</td><td>短期目标</td><td rowspan="2">媒体刊播，
收视率高，
发行量大</td></tr>
<tr><td>广告画面：
色调再淡雅些；色调搭配反差大些好</td><td>展会后继续
播放</td><td>长期目标</td></tr>
</table>

课堂练习

一 问一问

◆ 以第三者的身份回答下列问题：

1. 关岚说的“一菜两吃”是什么意思？
2. 广告主为什么要制作这套广告片？
3. 关岚对广告片提出了哪几点修改意见？
4. 关于广告媒体的刊播，双方是什么意见？

5. 比尔先生希望能继续合作，是以什么方式说明这一想法的？

二 说一说

◆ 当你为某事向对方“解释”或“请求”时，如何表明自己的想法？例如：

1. 这么说，可以“一菜两吃”啦。
2. 哦？能说得明白一点儿吗？
3. 长话短说吧。15 秒的，突出产品的特点和优势。
4. 我的理解是，以长期效果为主，对吧？
5. 哦，拜托啦，替我们多美言几句。

三 分组表演

◆ 广告人以解释方式说明广告片的策划情况：

提示词语：长话短说　说得明白一点儿　换句话说　说得准确一点儿

提示句子：1. 长话短说吧。15 秒的，突出产品的特点和优势。10 秒的，更注重产品的个性需求，前期播放，效果会更好。

2. 说得明白一点儿，就是“一菜两吃”。换句话说，既可以单独播放，也能在不同时期播放。

3. 这套广告片，是根据产品的生命周期来策划的。说得准确一点儿，就是可以在不同时期播放。

◆ 广告主礼貌地提出修改意见，并说明原因：

提示词语：直说了吧　最好　你看　也许　关于……，要……，这样……

提示句子：1. 嗐，直说了吧。我觉得，广告词最好限制在六个字以内，这样便于记忆。

2. 还有，画面的色调再淡雅些。你看，色调的搭配呢，也许反差大些，效果会更好。

3. 关于媒体组合，要选择收视率高、发行量大的刊播，这样信息覆盖面大。

◆ 根据艾宾浩斯的“遗忘曲线”理论，举例说明广告记忆对消费者购买行为有何影响。

19 世纪德国心理学家艾宾浩斯的“遗忘曲线”告诉我们，广告记忆对消费者的购买行为具有重要的作用。因此，要想延缓记忆的衰退，必须掌握遗忘规律，加强瞬时（shùnshí）记忆和短时记忆。你知道哪些可以增强记忆的方法？

试验日		1	2	3	4	5	6
达到一次正确背诵所需复习次数	12 个无意义音节	16.5	11	7.5	5	3	2.5
	80 个音节的诗	7.8	3.8	1.8	0.5	0	0

课后练习

一 练一练

▲ 用指定词语或结构说明你的看法或意见：

1. 如果向对方说明某事物，如何简要地表明自己的意思？

____________________（长话短说）

2. 如果直接向对方说明自己的想法，如何使用开头语？

____________________（直说了吧）

3. 对于某种情况，如何以解释的方式说明自己的想法？

____________________（我的理解是……）

二 答一答

不同时期的广告宣传有哪些变化？

背景广角

1.“广告策划”是指什么？
What does “advertising plan” refer to?

答：广告策划是对广告活动整个过程所进行的超前性和全局性的谋划。广告策划可分为整体广告策划和单项广告策划两种。整体广告策划是指具有系统的、规模较大的、一连串的、为达到同一目标所做的各种不同广告的组合而进行的策划。单项广告策划是指为一个或单一的广告进行的策划。广告策划的内容主要包括拟订市场调查计划，明确广告目标和对象，制订广告战略、策略，选择广告媒体，测定广告效果等。

Advertising plan refers to a foresighted and comprehensive strategy of the whole advertising process. It can be categorized into two types: the overall planning and the individual planning. The former one is composed of a planning for a series of various advertisements that are systematic, large-scaled, integrated and of a shared purpose. The latter one refers to a planning for a single advertisement. An advertising plan usually involves the following commissions like making plans for market research, deciding objects and targets of advertisements, making strategies, choosing appropriate media, surveying the effect and so on.

2.“广告定位”主要包括哪几个方面？
What involves in “advertising positioning”?

答：广告定位是指广告的市场定位、产品定位、广告对象定位和广告产品形象定位等四个方面。换句话说，广告定位是将消费者的需求、竞争产品的特点以及广告产品的优势结合起来，确定产品的宣传形象。广告定位的依据主要是产品特点、与竞争对手的差别以及消费者的心理需求。

Advertising positioning covers four major aspects: market positioning, product positioning, positioning of advertising object, and positioning of product image. In other words, advertising positioning is aimed at creating the product image by identifying consumers’ needs, stressing product characteristics, and making full use of product advantages. Advertising positioning is decided by the following three elements: product characteristics, advantages over its competitors, psychological needs of consumers.

3. 什么是"广告诉求"?

What is "advertising appeal"?

答：广告诉求是指广告要通过一定的方式告诉消费者某种商品能够满足他们的哪些需求，以及如何能满足这些需求，最后诱导消费者去购买商品的过程。其目的就是让消费者了解广告信息，引起注意和兴趣，激发欲望，创造信任，实施购买行为。广告诉求的重点是突出宣传的内容，应把重点放在新的材料、用途、功能、工艺等方面，以便突出个性优势。

An advertising appeal refers to the process through which various approaches are adopted to motivate consumers to buy a certain product by informing them which of their needs are liable to be met and by explaining why and how their needs can be satisfied. Its aim is to make consumers learn and understand the advertising information, to attract their attention and arouse their interest, to stimulate their purchasing desire, and to create trust, which finally persuade them into buying. In order to publicize the idea or the product impressively and conspicuously, the unique advantage of the product such as its composition of new material, its different application or purpose, its special function, and exquisite workmanship must be publicized and highlighted in the advertisement.

4. 什么是"广告对象"?

What is "advertising object"?

答：广告对象是指对什么地区、什么阶层、什么目标市场进行广告宣传。不同的广告对象，其兴趣偏好不同，广告宣传的诉求重点也不同，选用的广告媒体、制作的广告策略也各有差异。

Advertising object refers to the regions, social status of the people, and target markets that an advertisement is planned for. When the advertising object changes, accordingly, the appeal emphasis of the publicity, the media selected and the advertising strategy should also be reconsidered and even be revised sometimes, since people must have different interests and personalities.

5. 什么是"户外广告"?

What is "outdoor advertisement"?

答：户外广告简称 OD 广告，是指直接暴露在室外的广告，所涉及的范围也比较广，如路牌广告、霓虹灯广告、灯箱广告、招贴广告、车船运输广告、电子广告及空中广告等。

Outdoor advertisement, "OD" for short, refers to an advertisement directly exposed outdoors, geared toward communicating a message to the public. It includes various types, for example, highway billboards, neon light advertising, light box advertising, poster advertising, transit posters, electronic advertising and aerial advertising, etc.

6. 什么是“产品生命周期”？
What is “product life cycle”?

答：产品生命周期是指产品的市场寿命，即一种新产品从开始进入市场到被市场淘汰的整个过程，分为投入期、成长期、成熟期、衰退期等四个阶段。换句话说，一种产品处于不同的发展阶段，市场的竞争状况是不同的，而消费者对产品的认知、理解也各不相同。所以说，制定广告目标时应根据产品的各个时期分别提出不同的具体目标。

It refers to the whole process from the time when a product is launched on the market to the time when it’s phased out. Or in short, it is the life span of a product. It has 4 phases: introduction, growth, maturity and declining. Since each phase witnesses fluctuations of a product’s competitiveness and different cognitions and interpretations of consumers, the advertisement target should be modified with the change of the phase of the product life cycle.

7. 19 世纪德国心理学家艾宾浩斯的“遗忘曲线”说明了什么？
What does Hermann Ebbinghaus’ “forgetting curve” tell us?

答：艾宾浩斯的“遗忘曲线”表明，遗忘的进程是不均衡的，在识记后的短时期内遗忘较快，总的规律是先快后慢。为了延缓记忆的衰退，必须掌握遗忘规律，关键是要加强瞬时记忆和短时记忆。

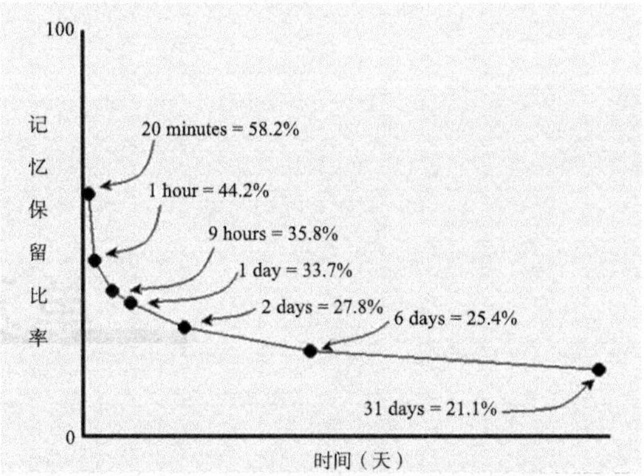

The “forgetting curve” is discovered by Hermann Ebbinghaus, a famous psychologist in the 19th century from Germany. It indicates that forgetting is not a stable or balanced progress. Memories usually fade very quickly at first within a short period after the information is learned yet gradually slow down as time passes by. Thus, in order to postpone memory declining, it’s critical to reinforce instantaneous memory and short-time memory by mastering the regular pattern of the forgetting curve.

8. 马斯洛的"需求层次论"指的是什么？在商品广告中说明了什么问题？

What is Maslow's "hierarchy of needs" about? And how can it be interpreted in advertising?

答：美国心理学家 A.H. 马斯洛把人类的需求由低到高分为五个层次：（1）生理的需求，如食物、水、性等；（2）安全的需求，如回避危险和恐惧等；（3）爱与归属的需求，如社会、归属、爱等；（4）尊重的需求，如成功、权利、名誉等；（5）自我实现的需求，如知识、理想、抱负。具体地说，在广告宣传中人们尚未得到满足的这个较低层次的需求，在马斯洛的学说中叫做主导需求。马斯洛认为，人的需求由低级到高级，逐级满足，而尚未得到满足的那个较低层次的需求主导着消费者的购买行为。所以，商品广告宣传对消费者购买行为加以诱导和激励时，首先就要了解消费者处于一种什么样的需求层次。

A.H. Maslow, an American psychologist, divides human needs into five levels according to an order from basic needs to higher ones. (1) Physiological needs, i.e., food, water, and sex, etc. (2) Safety needs, i.e., avoidance of danger and fear and so on. (3) Needs of love and belonging, i.e., society, belonging, love and to be loved, etc. (4) Self-esteem, i.e., success, rights and reputation, etc. (5) Self-accomplishment, i.e., knowledge, ideals, and aspiration. Specifically, the relatively lower-level needs that are not met are dominant needs in advertising in Maslow's theory. Maslow believes that people's needs move from the lower level to the higher level and it's the most basic level of needs that must be met first. In other words, consumers' shopping motivation is driven by the relatively lower-level needs that is not met yet. Therefore, before inviting advertising to motivate and encourage consumption, the consumers' level of needs should be understood in the first place.

单元综合练习一

一 为加点的字选择正确的读音

1. 穿着（zhuó / zhe）舒服
2. 外行（háng / xíng）
3. 图样（yàng / yāng）
4. 屏幕（píng / pín）
5. 例子（liè / lì）
6. 会计（kuài / huì）
7. 曲线（qǔ / qū）
8. 反差（chā / chà）
9. 策划（cè / chè）

二 根据句子的内容，选择正确答案（在合适的选项前画√，可选多项）

1. 广告定位主要有＿＿＿＿＿＿＿＿等四个方面的内容。
□广告媒体　□产品形象　□市场定位　□广告诉求　□广告对象　□产品定位

2. 五大广告媒体指的是＿＿＿＿＿＿＿＿等媒介（Media）。
□网络　□报纸　□电视　□售点　□广播　□杂志　□户外

3. 广告预算书中的费用应包括＿＿＿＿＿＿＿＿等方面的支出。
□调研费　□设计费　□媒介费　□制作费　□接待费　□管理费
□机动费

4. 户外广告包括＿＿＿＿＿＿＿＿等广告形式。
□路牌　□霓虹灯　□报纸　□灯箱　□招贴　□杂志　□电子

5. 在制定广告策略时，主要会涉及广告＿＿＿＿＿＿＿＿等四个方面的内容。
□定位　□诉求点　□市场调查　□传播方式　□发布时间

三 为下列俗语选择合适的解释

1. 酒好也怕巷子深（　　）	A. 过于性急，反而达不到目的。
2. 欲速则不达（　　）	B. 无论什么关系，都要分清各自的利益。
3. 亲兄弟，明算账（　　）	C. 对某事物不明白或不懂。
4. 隔行如隔山（　　）	D. 接受对方的安排、决定等。
5. 恭敬不如从命（　　）	E. 要注重宣传，提高知名度。

四 用指定词语改述下列句子

1. 与上一年度相比，广告费用的投入基本是相等的。（持平）

＿＿＿＿＿＿＿＿＿＿＿＿＿＿＿＿＿＿＿＿＿＿＿＿＿＿＿＿

2. 广告都刊播一个多月了，可销量还没有什么变化。（起色）

＿＿＿＿＿＿＿＿＿＿＿＿＿＿＿＿＿＿＿＿＿＿＿＿＿＿＿＿

3. 这次多亏了您帮助，要不可就吃大亏啦。（仰仗）

＿＿＿＿＿＿＿＿＿＿＿＿＿＿＿＿＿＿＿＿＿＿＿＿＿＿＿＿

4. 广告预算只能粗算，多了退给你，少了再补上。（多退少补）

＿＿＿＿＿＿＿＿＿＿＿＿＿＿＿＿＿＿＿＿＿＿＿＿＿＿＿＿

5. 下次在赵经理那儿，别忘了替我说几句好话。（美言）

＿＿＿＿＿＿＿＿＿＿＿＿＿＿＿＿＿＿＿＿＿＿＿＿＿＿＿＿

案例分析

【案情】

1979年3月15日，上海《文汇报》刊出了大幅的雷达表广告。为安全起见，《文汇报》还在广告下方标注了“受香港《文汇报》委托”的字样。与此同时，中美建交，波士顿交响乐团到上海访问演出，上海电视台现场直播。在实况转播时，雷达表广告被插播了两次，每次片长60秒。一时间，“雷达表广告闯入中国媒体”的话题成为世界各地报纸头条新闻。从那时起，雷达表的产品形象以不同的广告形式吸引着中国消费者。

常言道：“十年磨一剑”。从1979年到1981年，做了许多广告的雷达表在中国市场上的销量却是零。到1982年3月，上海纺织机械厂下海经营饭庄的陈先生花1055元购买了一块雷达表，使他成为中国市场上雷达表的第一个购买者。当时，中国人均月收入不足60元。1989年，他又花13000元买了块新款雷达表。现在，陈氏夫妇拥有四块雷达表和一块劳力士表。随着时代的发展，雷达表的广告对象定位已不仅是个体商人，逐步转向那些喜欢超前设计、有个性主张、有经济实力而又不喜张扬的年轻人。目前，中国高档表市场可称得上是百花齐放，只要有钱可尽情挑选，但很少有名表超过雷达曾经创下的20年间在中国市场上销量约达50万块的纪录。听朋友说，戴雷达表，是身份的象征。你看，这能不说是雷达表的广告效益吗？

（摘编自《北京晚报》2000年12月17日）

【要求】 你认为雷达表在中国市场上成功的原因是什么？选用下列词语或结构来说明：（提出问题）+具体来说+不外乎……（分析原因）+第一，……第二，……+说到底，上述……

【问题】

1. 从这一案例看，雷达表在中国的广告策划为什么成功？
2. 为什么雷达表的广告对象定位有了新变化？

课上讨论

题目：举例说明哪类广告的刊播效果好、有吸引力。

补充阅读

一、跨国广告公司在华的发展

改革开放后，中国广告业迅速发展起来。1979 年 1 月 4 日，《天津日报》第三版刊登了“蓝天牙膏”等广告。紧随其后，当月的 28 日，上海电视台播放了第一例商业电视广告，即“童涵春药店的参桂补酒”，片长 1 分 35 秒。3 月 15 日，上海人民广播电台播出了“春雷药性发乳”。同日，上海《文汇报》大幅刊出了瑞士雷达表公司的商品广告，这标志着中国广告市场的大门开始对外开放。从那时起，外国商品广告以不同的形式吸引着中国消费者。

1985 年之前，国际跨国公司在华做广告，一般都委托境外广告公司办理，多以商品广告为主。1986 年 6 月，日本电通、美国电扬和中国广告公司在京联合成立“电扬广告公司”，成为首家中外合资广告公司。这表明跨国广告公司正式进入中国广告市场。到 1994 年，在华的合资广告公司已达 300 多家，其经营规模也逐年扩大。1993 年，在华最大的 10 家广告公司中，跨国广告公司仅 1 家，排名第六。到 1996 年，中外合资广告公司却囊括了中国最大广告公司的前 5 名，而这 5 家合资广告公司的营业额在前 50 家广告公司营业总额中所占比重高达 33.02%。其中盛世长城国际广告有限公司以近 8 亿元的经营业绩连续 3 年稳居榜首。相比之下，1997 年本土的上海广告公司的营业额仅为 3 亿多元，盛世长城是它的 2.33 倍。到 2001 年，据有关机构调查，在华跨国合资广告公司的排名有了新的变化。虽年营业额不如 1997 年前后的高峰期，但仍保持着良好的上升势头。中国加入 WTO 后，国际跨国广告公司在华的发展迎来了第二个春天。

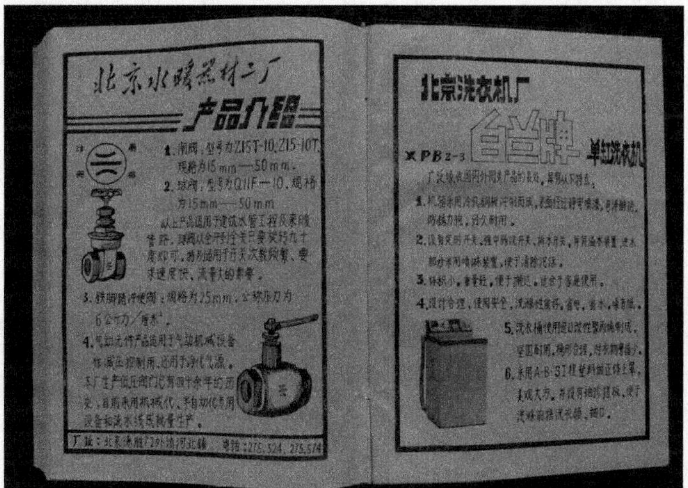

二、经营之道

对广告主来说，如果广告预算紧张，应如何选择投放媒体呢？这是广告人非常关注的问题。市场调查资料显示，L公司的做法值得研究。L公司在北京推出两种新口味酸奶，主要购买者定位在18岁至35岁的女性，其广告诉求点和目标市场非常明确。在广告策划中，L公司对广告投放媒体的组合分为三步走：首先，电视广告与公交车候车亭广告最先出现，这样可以增加品牌的曝光率和覆盖范围。电视广告选择电视黄金时间的不同频道，两个产品的广告逐月交替进行，大约连续播放了8个月的时间。电视的视听觉冲击力较强，能够在短期内提高新产品的知名度。同时，L公司选择繁华商业区及附近有商场的公交候车亭的路牌作为补充媒体。接着，又选择在超市附近的高层住宅区的电梯，并且每月更换新的楼盘。这样就能缩减成本，扩大宣传的覆盖面。其后，又举行促销活动。在暑假期间，推出“母子同心日”的公关活动，在闹市区吸引妈妈和孩子前来参加各种游戏，并免费试吃酸奶。这种活动提升了企业的形象，拉近了与消费者的距离，为市场远期目标做好了准备。

【思考题】

1. L公司是如何策划广告定位的？

2. L公司是如何选择广告投放媒体进行宣传的？为什么？

不怕做不到，就怕想不到。

2 品牌的保护伞

交际任务：商标保护与转让

一、商标权人对其他公司注册商标提出异议

二、说明转让注册商标使用权的条件

三、用替代词语指代前面已提到的人或事

话题背景

对一个企业来说，品牌不仅代表着产品的质量、价值、企业的形象以及企业的服务质量，更代表着企业的诚信度和消费者的忠诚度。所以说，一个知名品牌的价值远远大于其商品本身的价值，甚至远远大于其企业的固定资产价值。换句话说，跨国知名企业为了更好地保护自己的品牌，都会在国外注册自己的商标，以防止他人抢注、占用或使用。因为商标是一个企业品牌的标志，保护好自己的商标是创牌子的重要环节。

To an enterprise, its trademark can not only stand for the quality and value of its products, its image and its service, but also its credibility and customer loyalty as well. A famous trademark may be of greater value than the commodity it represents; sometimes its worth may go beyond the fixed asset value of the whole enterprise. Therefore, in order to protect the trademark better, a prestigious multinational enterprise often has to register its own brand abroad to stop cyber-squatting or any potential occupation or using of it. It's a common understanding in business that when a brand is being created, one critical step is to protect its trademark appropriately, since a trademark is practically the logo of an enterprise.

关键词语

商标： 商标注册 (shāngbiāo zhùcè)　所有权 (suǒyǒuquán)　图形 (túxíng)　抢注 (qiǎngzhù)　恶意 (èyì)　驰名商标 (chímíng shāngbiāo)　认定 (rèndìng)　续展 (xùzhǎn)　使用权 (shǐyòngquán)

买断 (mǎiduàn)　误认 (wùrèn)　差异 (chāyì)　近似 (jìnsì)　递交 (dìjiāo)　误导 (wùdǎo)　撤销 (chèxiāo)　在先 (zàixiān)　转让 (zhuǎnràng)　原件 (yuánjiàn)　限制 (xiànzhì)

监督 (jiāndū)　当事人 (dāngshìrén)

1 提出异议

词语准备

词语跟读

1	异议	yìyì	（名）	objection; dissent 我方对L公司申请的这一商标注册提出异议。
2	工商局	gōngshāngjú	（名）	administrative bureau for industry and commerce （"工商行政管理局"的缩略词）
3	全权	quánquán	（名）	full powers; full authority; full right; plenary powers 董事会决定，全权委托贵方来处理此事。
4	近似	jìnsì	（动）	approximate 你看，这两个商标的线条结构有些近似。
5	误导	wùdǎo	（动）	mislead 我认为这种宣传是对消费者的一种误导。
6	递交	dìjiāo	（动）	hand over; present; submit; deliver T公司应向法院递交哪些证据呢？
7	私了	sīliǎo	（动）	settle a case out of court; settle in private 你方想私了还是公了，最好请律师说明一下。
8	恶意	èyì	（名）	evil intentions; ill will; malice R公司恶意抢注商标的行为是违法的。
9	惩罚	chéngfá	（动）	punish; penalize 我认为，这是老天在惩罚他。
10	续展	xùzhǎn	（动）	renewal 别忘了及时办理专利续展手续。

2 熟语学习

1. 说曹操，曹操就到 shuō Cáo Cāo, Cáo Cāo jiù dào speak of angels and you will hear their wings; talk of the devil and he will appear

俗语。"曹操"是中国古典名著《三国演义》中的人物。在这里,"曹操"泛指"任何人"，意思是"说那人，那人就来了"，表示一种巧合。例如：

A：白玲好几天没来上班了，也不知病好了没？

B：你看，说曹操，曹操就到，她来了。

2. 先礼后兵 xiānlǐ-hòubīng take strong measures only after courteous ones fail; try peace-ful means before resorting to force; diplomacy before the use of force

成语。意思是先按礼节行事，行不通时再使用强硬的手段。例如：

A：我看还是先与D公司协商一下。如果没有结果，再上诉法院也不迟。

B：对，不要说我不讲人情。先礼后兵嘛。

3. 游戏规则 yóuxì guīzé game rules

固定短语。比喻在带有竞争性的活动中普遍遵守的准则，常指按规矩办事，或按惯例办事。例如：

① 最好事先通知对方，不能不讲市场游戏规则。

② 你看，还是按国际惯例处理，这是游戏规则。

4. 当断不断，必受其乱 dāng duàn bú duàn, bì shòu qí luàn He who hesitates will be lost.

俗语。意思是应当决定而不决定，必定会受它的影响。也就是说，不要再犹豫了，应马上决定。常用于提醒或劝告他人。例如：

A：王总，这事我们还是再研究研究吧。

B：我还是那句话，当断不断，必受其乱。不能再等啦。

情景会话

【人物】朱秘书：L股份有限公司总经理秘书

孙德生：L股份有限公司总经理

王律师：瑞奥商标事务所律师

【场景】L股份有限公司对乐斯公司注册某商标提出异议，并委托瑞奥商标事务所代办此事。在总经理办公室的外面，朱秘书正通过内线电话向孙总汇报……

朱秘书：孙总，约好下午4点去工商局，可以吧？

孙德生：可以，到时候提醒我一下。对了，准备的材料呢？

朱秘书：哦，放在桌子右边第一个抽屉里。

孙德生：（拉开抽屉）啊，看见啦。还有，约一下王律师，问他上午有空儿没有。

朱秘书：好的，马上联系。哟！孙总，王律师来啦。

孙德生：嗬，说曹操，曹操就到。让他进来吧。

（朱秘书推开门）

孙德生：（握手）请坐。王律师，委托书收到了吧？

王律师：收到啦。你看，这是商标注册异议书。

孙德生：（接过来看）不错，效率蛮高的嘛。

王律师：应该的，有事尽管说。

孙德生：王律师，这件事就全权委托你啦。

王律师：没问题。有关资料准备了吗？

孙德生：（递过去）你看，都在这儿。需要什么，跟朱秘书说。

王律师：好的。您看，这是乐斯公司申请注册的商标图形。

孙德生：让我看，二者极容易混淆或误认。

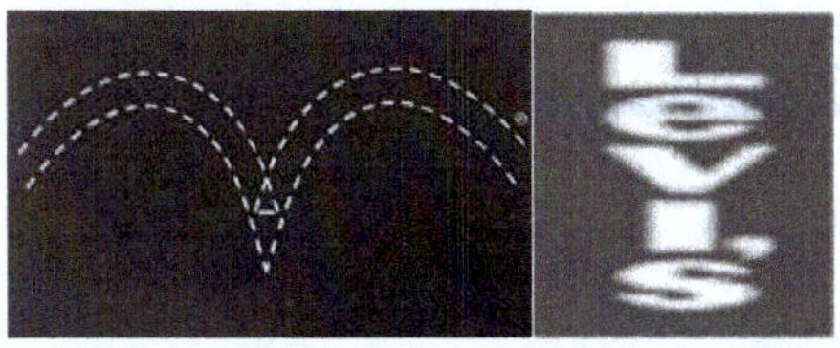

（L公司已经注册的商标®）

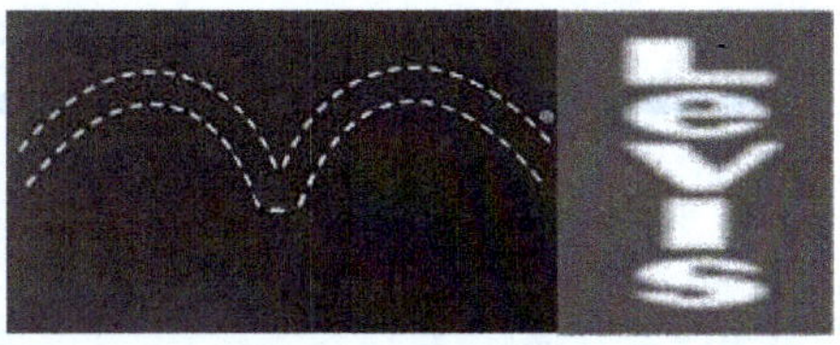

（乐斯公司申请注册的商标）

王律师：可不。要是把两个商标进行比对，没有太大的差异。

孙德生：就是啊，与我们注册的商标近似，很容易对消费者产生误导。

王律师：没错，的确是这样。

孙德生：（指商标）看这个部分，主要的线条结构也没有明显的区别。

王律师：是的。字母缩写虽有差别，但颜色组合相同。

对商标图形进行比对，说明情况

孙德生：是这样。太过分啦！

王律师：对了，孙总，律师函昨天发出去了，要求乐斯公司撤销申请。

孙德生：这样好，先礼后兵嘛。王律师，要尽快递交商标注册异议书。

王律师：怎么说呢，孙总，有个新情况。

提出解决方法

孙德生：新情况？

王律师：是这样，乐斯公司提出私了此事。

孙德生：私了？条件呢？

王律师：对方说，他们为商标注册已支付了不少费用。您看呢？

孙德生：哼，不按游戏规则办事，还想不交学费。

王律师：孙总，您是说，乐斯公司是恶意抢注，对吧？

孙德生：对，不能相信。说白了，这是个陷阱。

王律师：您是说，按法律程序走。

孙德生：没错，让他花钱买个教训吧。

王律师：行，就按您说的办。

孙德生：我还是那句话，当断不断，必受其乱。

王律师：说的也是。这些不讲商业道德的企业，就该受点儿惩罚。

孙德生：总之，王律师，按原计划进行。再有，要及时办理商标的续展手续。

王律师：放心吧，我们会提前办理的。

孙德生：谢谢，那就多费心啦。

王律师：不客气。保护当事人的权益，是我们的责任。

孙德生：那好，拜托啦。

情景会话要点

人物关系	身　份	法律手续	进行比对	解决办法
王律师	授权代办人	律师函； 商标注册异议书； 续展	差异；差别	撤销申请 先礼后兵 递交商标注册异议书
孙德生 （L公司）	商标委托人； 商标权所有人	委托书； 提出异议	混淆；误认；近似； 误导	按法律程序走 当断不断，必受其乱
乐斯公司	商标 申请注册人	申请注册	恶意抢注	私了

课堂练习

一 问一问

◆ 以第三者的身份回答下列问题：

1. L公司委托瑞奥商标事务所办理什么事情？
2. 王律师去L公司做什么？
3. 在什么条件下，乐斯公司同意撤销商标注册申请？
4. 孙总为什么不同意私了此事？
5. 王律师说的“当事人”，指的是哪一方？

二 说一说

◆ 当你重新谈到某人或某事时，可用哪些词语替代？例如：

1. 王律师，这件事就全权委托你啦。
2. 让我看，二者极容易混淆或误认。
3. 是这样，乐斯公司提出私了此事。
4. 我还是那句话，当断不断，必受其乱。
5. 保护当事人的权益，是我们的责任。

三 分组表演

◆ 关于乐斯公司恶意抢注商标一事，向对方说明情况，或提出建议：

提示词语：把……进行比对　线条结构　让我看，二者……　与……近似　先礼后兵

提示句子：1. 孙总，要是把两个商标进行比对，没有太大的差异。看这个部分，主要的线条结构也没有明显的区别。让我看，二者极容易混淆或误认。

2. 你来比对一下。字母缩写虽有差别，但颜色组合相同。与我们注册的商标近似，很容易对消费者产生误导。

3. 这样吧，先礼后兵。律师函明天发出去，要求乐斯公司撤销申请。如果对方不同意，要尽快递交商标注册异议书。

◆ 你方不同意私了此事，向对方说明你的看法或意见：

提示词语：说白了　是这样　我是说　全权委托

提示句子：1. 说白了，这是个陷阱。王律师，按法律程序走，让他花钱买个教训吧。

2. 是这样，乐斯公司提出私了这事。我还是那句话，当断不断，必受其乱。

3. 我是说，乐斯公司是恶意抢注。这些不讲商业道德的企业，就该受点儿惩罚。

4. 王律师，这件事就全权委托你啦。保护当事人的权益，可是你们的责任啊。

课后练习

一 练一练

▲ 用指定词语或结构说明你的看法或意见：

1. 当你想重新说明已谈过的人或事时，可以用哪个词语来代替？

______________________________（此）

2. 当你想重新说明上述的两件事或两个人时，可以用哪个词语来代替？

______________________________（二者）

3. 当你不想具体说明某个部门或人物的名称时，可以用哪个词语来代替？

______________________________（有关）

二 答一答

1. 你对乐斯公司恶意抢注商标一事是怎么看的？
2. 为什么说乐斯公司是恶意抢注 L 公司的商标？

2 侵权纠纷

词语准备

1 词语跟读

1	侵权	qīnquán	（动）	violate sb's lawful rights 我认为，这种做法属于侵权行为。
2	结案	jié//àn	（动）	wind up a case; close a case; settle a lawsuit 这事已经结了案了，还查什么？
3	观望	guānwàng	（动）	wait and see; look on (from the sidelines) 很多投资者都在观望事态的发展。
4	小看	xiǎokàn	（动）	look down upon; belittle 别小看这个证据，它是胜诉的关键。
5	案子	ànzi	（名）	case 对不起，这个案子不是我经手的。
6	域名	yùmíng	（名）	domain name 可以委托代理人在中国区注册域名。
7	在先	zàixiān	（动）	priority; precede L公司认为他们的商标注册在先。
8	善意	shànyì	（名）	goodwill; good intention 对方的意思是，属于善意在先注册。
9	举报	jǔbào	（动）	report; tip-off 这属于违法行为，可向有关部门举报。
10	举证	jǔzhèng	（动）	give proof or evidence 根据法律规定，谁举报谁举证。
11	明摆着	míngbǎizhe	（动）	(be) clear; (be) obvious 还用说吗？这不明摆着嘛，谁都清楚。

熟语学习

1. **一石激起千层浪**　yì shí jīqǐ qiān céng làng　cause a great sensation

俗语。本课中的意思是因某事而引起很多人的注意或反应。例如：

A：我是说，要慎重处理这起劳务纠纷案，否则会产生负面效果。

B：可不，很多来华外商都在关注此事，真可谓一石激起千层浪。

2. **言归正传**　yánguīzhèngzhuàn　come to the point

成语。归：回到。正传：正题。意思是把话拉回到正题上来。常用于进入新话题。例如：

A：黄总，王经理介绍的那些情况还需要再调查一下。

B：可以。言归正传，我们来研究一下海外投资的事儿。

3. **无可非议**　wúkěfēiyì　blameless; beyond reproach

成语。意思是没有什么可指责的，表示言行合乎情理。常用于对某事物的肯定。例如：

① 虽说炒股风险大，但作为一种投资，是无可非议的。

② 我认为，当模特也是一种职业。小丽喜欢做模特，是无可非议的。

情景会话

【人物】文森特：利洁（中国）有限公司总经理助理

王律师：瑞奥商标事务所律师

【场景】利洁（中国）有限公司是美国在华的一家独资企业，专门生产洗涤用品。在该公司的会议室里，总经理助理文森特与王律师在谈话。

文森特：王律师，听说乐斯公司抢注商标一案是你经手的。

王律师：是的，已经结案了。

文森特：太好啦，终于有结果啦。

王律师：是啊，不少人都在关注。

文森特：说老实话，来华投资的企业都在观望。

王律师：是啊，一石激起千层浪啊。

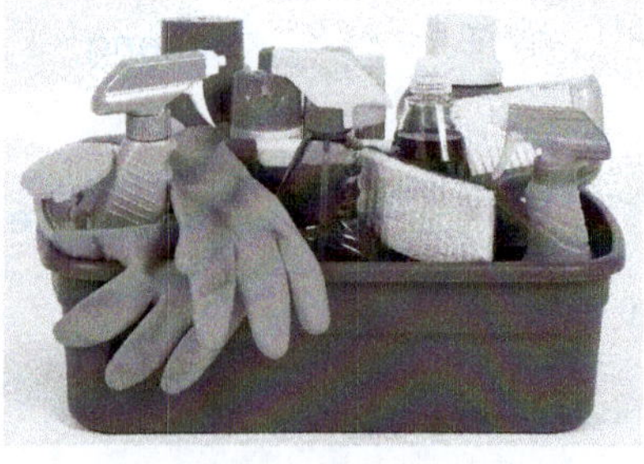

文森特：可不，这关系到外企在华的长远发展。

王律师：对，这件事也是对中国法律的一次检验。

文森特：结果不能小看哪，这回呀给投资者吃了个定心丸。

王律师：是啊，坚定了在华的投资信念。

文森特：最重要的是，对中国的法律有了信心。

王律师：说得好！您汉语说得不错嘛。

文森特：（笑）让你见笑啦。

王律师：言归正传，来，研究一下案子吧。

文森特：好的。关于这起纠纷案，我想先听听您的高见。 （用替代词语指代某事物）

王律师：不客气。据我了解，红光公司认为，"利洁"并不是什么驰名商标。

文森特：这么说，毫无道理。

王律师：对方认为，网上注册的域名（clean.com.cn）属于善意在先注册。

文森特：莫名其妙，这明明是不正当的竞争行为嘛。

王律师：光这么说，是没有用的。

文森特：那怎么办？

王律师：首先，贵公司的商标一定要认定为驰名商标。

文森特：你认为，有胜诉的把握吗？

王律师：要想打赢这场官司，得由法院来认定驰名商标，这符合国际惯例。

文森特：然后呢？

王律师：根据法律规定，谁举报，谁举证。

文森特：你是说，要有证据，证明对方是恶意抢注。 （说明解决方法）

王律师：对，这是问题的关键。

文森特：明摆着嘛，他们就是恶意抢注。

王律师：法律不听这个。以事实说话，这是胜诉的关键。

文森特：事实？事实就是他们将"利洁"的英文商标注册在他们的域名上。

王律师：这事啊急不得，还是看一下资料吧。

文森特：这儿有份材料，说2001年6月，我们公司在华注册了这个商标。

王律师：这句话很重要，我来看一下。 （以转述方式说明情况）

文森特：你看这段，说同年10月，在苏州园区建厂，开始生产注册产品。

王律师：太好啦，越具体越好。

文森特：在此之前，公司还做了许多广告，投入了大量的广告费。

王律师：这个情况也很重要，最好列出广告费的支出清单。

文森特：这没问题，让财务查一下就行。

王律师：这样吧，把相关的证明文件给我复印一套。 （用替代词语指代某事物）

文森特：可以，希望早一点儿有结果。

王律师：这事啊不能急，其实呢投资商标**无可非议**。

文森特：是啊，但恶意抢注，那就另当别论啦。

王律师：那是。

文森特：请稍等，我让周秘书去复印一套。

王律师：不客气，请便。

情景会话要点

案　例	王律师	文森特（委托人）	替代词语
乐斯公司抢注商标	坚定了在华的投资信念。 是对中国法律的一次检验。	关系到外企在华的长远发展。 对中国的法律有了信心。	
红光公司抢注利洁商标	红光公司认为，“利洁”不是驰名商标，属于善意在先注册。	红光公司是不正当竞争行为，属于恶意抢注。	同年； 注册产品； 在此之前
	胜诉的关键： 把“利洁”认定为驰名商标； 向法院递交相关证明文件。	胜诉的关键（证明文件）： 在华商标注册证书； 在华生产注册产品； 广告费的支出清单；等等。	

课堂练习

一　问一问

◆ 以第三者的身份回答下列问题：

1. 王律师说“一石激起千层浪”，这句话是什么意思？
2. 为什么文森特说“这回呀给投资者吃了个定心丸”？
3. 红光公司为什么认为他们不是恶意抢注？
4. 关于这起商标侵权纠纷案，王律师认为首先要解决什么问题？

5. 文森特为什么认为红光公司是恶意抢注？

二 说一说

◆ 当你说明已提过的事物时，可以用哪些词语来替代？例如：

1. 言归正传，来，研究一下案子吧。
2. 关于这起纠纷案，我想先听听您的高见。
3. 你是说，要有证据，证明对方是恶意抢注。
4. 在此之前，公司投入了大量的广告费。
5. 这样吧，把相关的证明文件给我复印一套。

三 分组表演

◆ 为了打赢这场官司，你作为律师向委托人说明胜诉的关键：

提示词语：依我看　我敢说　长话短说　说得准确一点儿　说得明白一点儿

提示句子：1. 依我看，红光公司属于不正当的竞争行为。利洁得由法院来认定驰名商标，这符合国际惯例。再有，根据法律规定，谁举报，谁举证。也就是说，要有证据，证明对方是恶意抢注。比如说，在华注册的商标证书、广告费的清单等。我敢说，用事实说话，这是胜诉的关键。

2. 长话短说吧，说得准确一点儿，胜诉的关键是利洁的商标一定要认定为驰名商标。根据法律规定，谁举报，谁举证。我是说，要有证据，证明对方是恶意抢注。王经理，说得明白一点儿，要证据确凿，这是胜诉的关键。

◆ 关于这起商标侵权纠纷案，向对方询问相关事宜：

提示词语：言归正传　据……了解　你看

提示句子：1. 言归正传，来，研究一下案子吧。关于这起纠纷案，我想先听听你的高见。

2. 据我了解，红光公司认为，“利洁”并不是什么驰名商标。你看，下一步怎么办？

3. 对方认为，他们是善意在先注册。你看，有胜诉的把握吗？

课后练习

一 练一练

▲ 结合课文，用指定词语或结构说明你的看法或意见：

1. 当说明对方的某些做法时，可用哪个词语来指代所讲的内容并得出结论？

____（上述）

2. 当你按时间顺序说明某事物时，可用哪个词语来指代前面说过的相同年份？

____（同年）

3. 当你说明某个时间段以前发生的情况时，可以用哪个词语来指代那段时间？

____（在此之前）

二 答一答

1. 为什么外商都在关注乐斯公司抢注商标一案的判决结果？
2. 关于红光公司网上注册域名一事，你是怎么看的？

3 转让使用权

词语准备

1 词语跟读

1	经纪人	jīngjìrén	（名）	broker; middleman; agent 她现在是大明星李华的经纪人。
2	怠慢	dàimàn	（动）	cold-shoulder; slight 如果有怠慢之处，请多多包涵。
3	败火	bài//huǒ	（动）	relieve inflammation or internal heat 别着急，喝点儿绿豆汤败败火。
4	连同	liántóng	（连）	together with; along with 连同他俩，一共去了 7 个人。
5	买断	mǎiduàn	（动）	buyout 对方想以买断的方式转让工厂。
6	摊牌	tān//pái	（动）	showdown 这事，我希望对方早点儿摊牌。
7	摊子	tānzi	（名）	setup; stall 我觉得，投资初期，摊子不该铺得过大。
8	不宜	bùyí	（动）	inadvisable 此事不宜操之过急，等等再说。
9	和气	héqi	（形）	harmonious; friendly; amiable 你看，别为这点儿小事伤了大家的和气。
10	赏光	shǎngguāng	（动）	please accept my invitation (asking sb. to come to a party, meeting, etc.) 小店刚刚开张，如能赏光，万分感谢！
11	受方	shòufāng	（名）	transferee 受方也可称为受让方、引进方或被许可方。
12	供方	gōngfāng	（名）	supplier 供方也可称为出让方、转让方或许可方。

2 熟语学习

1. **打退堂鼓** dǎ tuìtánggǔ retreat; withdraw; back down; cry off

成语。比喻做事中途退缩。常用于责备他人。例如：

① 我了解他，他这么自信的人怎么会打退堂鼓呢？

② 一到关键时刻就打退堂鼓，谁愿意跟你合作？

2. **不按常理出牌** bú àn chánglǐ chūpái not follow the rules

习惯说法。也说“不按牌理出牌”。意思是不按常规办事，表示抱怨。例如：

A：我觉得对方好像有什么话没有说完。

B：可不，要不怎么说他们不按常理出牌呢。

3. **有层窗户纸没有捅破** yǒu céng chuānghuzhǐ méiyǒu tǒngpò Some words are not spoken.

习惯说法。意思是有事瞒着，或有话没有说出来等。常用于推测某事物。例如：

① 这层窗户纸早晚都要捅破，何不早说呢？

② 好像有层窗户纸没有捅破，所以谈判一直没有结果。

情景会话

【人物】舒　洁：艺园画廊有限公司经纪人

鲁　宁：中国某企业经理

查　理：德国某企业代理人

【场景】在艺园画廊有限公司里，经纪人舒洁正向客人介绍一幅中国水墨山水画。她回头看见鲁宁走过来，忙跟他打了个招呼。

舒　洁：来啦，那边坐，先看看画儿。

鲁　宁：忙你的，不客气。

舒　洁：（过了一会儿）今天人太多，怠慢啦。

鲁　宁：看你说的。买卖不错嘛。

舒　洁：凑合吧。来，喝杯茶，败败火。

鲁　宁：还说呢，要不是看在你的面子上，我早打退堂鼓啦。
舒　洁：好事多磨嘛。再说，你也不是那种人。
鲁　宁：不错，这话我爱听，可对方不按常理出牌呀。
舒　洁：怎么说呢，好像有层窗户纸没有捅破。
鲁　宁：我也这么觉得。听说转让商标还有附加条件。
舒　洁：好像是，对方想让你连同工厂一次性买断。　　说明情况
鲁　宁：摊牌了吧。你看，在德国我们投资时间太短，摊子不宜铺得过大。　　说明原因
舒　洁：这事啊急不得，免得伤了和气。
鲁　宁：这个甭担心，反正见面得说清楚。
舒　洁：（看见查理走过来）哟，你看，说曹操，曹操就到。
查　理：（分别握手）你好，你好。借贵方宝地，多有打扰。
舒　洁：太客气啦。对了，要是二位肯赏光，中午我来做东。
鲁　宁：听你的，恭敬不如从命。
查　理：舒经理，我的当事人说，你很好客，果然如此。
舒　洁：嗐，朋友的事就是我的事。你们先聊。
查　理：鲁先生，这是商标注册证书的原件。
鲁　宁：最好提供一份复印件。
查　理：已经准备了。
鲁　宁：（接过来看了一会儿）哦，在欧盟地区已经注册了。
查　理：是的。有个问题要说明一下，鲁经理。
鲁　宁：不客气，请讲。　　以提示方式说明情况
查　理：不知贵方注意到没有，转让商标的使用地区只限于德国和中国。
鲁　宁：你是说，受方只能在上述国家生产和销售许可产品？
查　理：没错，就是这个意思。
鲁　宁：你也知道，我们不希望严格限制许可产品的销售地区。
查　理：这样吧，这个问题下次再谈，我先转告我的当事人。
鲁　宁：也好，这个对我们很重要。
查　理：我理解。关于商标使用方式，贵方不能有任何改动。
鲁　宁：你看，我们希望在包装上标明生产厂家的名称。
查　理：这可以。鲁先生，在商标使用期间，供方有权对产品质量进行监督。
鲁　宁：可以。如果有问题，我方将承担全部责任。　　用替代词语指代前面的内容
查　理：那好，把上述内容补写在合同里吧。对了，有件事想听听贵方的意见。
鲁　宁：不客气，请讲。　　礼貌地说明情况
查　理：是这样，我的当事人希望贵方能够一次性买断那家鞋厂。　　以解释方式说明情况

鲁　宁：说实话，我也想，但资金周转不开。

查　理：要是这样，刚才谈的，可能会受影响。　用替代词语指代前面谈过的内容

鲁　宁：没关系，希望把我的意思转达给你的当事人。

查　理：看来，我们都需要再考虑一下。

鲁　宁：没关系，买卖不成情意在嘛。

情景会话要点

人物关系	商　标 许可使用地区	商　标 使用方式	商　标 使用期间	附加条件	替代词语
查理 （供方代理人） （Licensor）	限于德国和中国	不能有任何改动	有权对产品质量进行监督	一次性买断那家鞋厂	供方 当事人
鲁宁 （受方） （Licensee）	不要严格限制产品销售地区	包装上标明生产厂家名称	如果有问题，愿意承担全部责任	资金周转不开	受方 上述 该 厂家
舒洁 （经纪人）	在转让商标使用权的基础上，供方想让受方连同工厂一次性买断				对方

课堂练习

一　问一问

◆ 以第三者的身份回答下列问题：

1. 舒洁表示招待不周时，是怎么表达的？
2. 供方同意转让商标使用权的附加条件是什么？
3. 为什么受方不接受这个附加条件？
4. 这次见面，查理先生准备了几份资料？
5. 关于商标使用权的转让，双方商谈了哪几个问题？

二 说一说

◆ 当你说明已提过的事物时，可以用哪些词语来替代？例如：

1. 还说呢，要不是看在你的面子上，我早打退堂鼓啦。
2. 怎么说呢，好像有层窗户纸没有捅破。
3. 舒经理，我的当事人说，你很好客，果然如此。
4. 你是说，受方只能在上述国家生产和销售许可产品？
5. 鲁先生，在商标使用期间，供方有权对产品质量进行监督。

三 分组表演

◆ 关于转让商标使用权，受方向第三方说明情况及原因：

提示词语：不按常理出牌　看在……面子上　摊牌　上述　当事人

提示句子：1. 你看，对方不按常理出牌。怎么说呢，好像有层窗户纸没有捅破。听说，转让商标使用权还有附加条件。要不是看在你的面子上，我早打退堂鼓啦。

2. 摊牌了吧，转让商标还有附加条件，想让我们连同工厂一次性买断。你看，在德国我们投资时间太短，摊子不宜铺得过大。说实话，我也想买断，但资金周转不开。

3. 你是说，受方只能在上述国家生产和销售许可产品？你也知道，我们不希望严格限制产品的销售地区。关于商标使用方式，我们希望在包装上标明生产厂家的名称。查理先生，希望把我的意思转达给你的当事人。

◆ 关于转让商标使用权，供方或其代理人向受方说明相关要求：

提示词语：只限于　上述　异议　当事人　这样吧　转告

提示句子：1. 有个问题要说明一下，鲁经理。转让商标的使用地区只限于德国和中国。关于商标使用方式，贵方不能有任何改动。在商标使用期间，供方有权对产品质量进行监督。上述内容，贵方没有异议吧？

2. 是这样，我的当事人希望贵方能够一次性买断那家鞋厂。要是不能，刚才谈的，可能会受影响。这样吧，这个问题下次再谈，我先转告我的当事人。

课后练习

一 练一练

▲ 用指定词语或结构说明你的看法或意见：

1. 如果合同的一方委托你办理某事，可以用哪个词语来指代对方？

______________________________（当事人）

2. 你认为，对商标使用权的购买方可以用哪个词语来指代？

______________________________（受方）

3. 你认为，对商标使用权的转让方可以用哪个词语来指代？

______________________________（供方）

二 答一答

关于商标使用权的转让，双方是如何说明各自的意见的？

背景广角

1. 根据国际惯例，各国对商标权的确认都有哪些做法？

According to international practices, how is the trademark right acknowledged in different countries?

答：各国对商标权的确认大致有三种不同的原则：一是使用在先原则。即商标的最先使用者有权取得商标权。即使该商标被他人抢先注册，其仍可以对已注册的商标提出异议，要求予以撤销。二是注册在先原则。与前者正相反，即商标权授予商标的最先注册人，而商标的最先使用者也无权上诉。三是无异议注册原则。以在规定期限内无人提出异议来批给申请注册在先者。

Generally, there are three different systems for the trademark right acknowledgement in the world: First, Prior Use Rule. The earliest user of the brand has the legal right to acquire the brand right. Even if someone else has registered it earlier, the earliest user is entitled to propose the objection to the registered brand and apply for cancellation. Second, Prior Register Rule. It is contrary to the first rule. That is, the earliest one who's registered owns the brand. No one else, even the earliest brand-user, has the right to appeal. Third, No-Opposition Rule. If, in a given period of time, no one files the opposition, the earliest one who's registered is entitled to the brand.

2. 根据中国《商标法》，对确认商标权有哪些规定？

According to the *Trademark Law* of the People's Republic of China, what are the rules for the trademark acknowledgement?

答：根据中国《商标法》第 18 条规定：两个或两个以上的申请人，在同种商品或类似商品上，以相同或近似的商标申请注册的，初步审定并公告申请在先的商标；同一天申请的，初步审定并公告使用在先的商标，驳回其他人的申请，不予公告。再有，《商标法》第 19 条规定，对初步审定的商标，自公告之日起 3 个月内，无人提出异议或经裁定异议不能成立的，始予核准注册，发给商标注册证，并予公告；经裁定异议成立的，不予核准注册。由上述内容可见，中国基本上是采用国际上的第三种做法。

According to Article 18 of the *Trademark Law*: If two or more applicants apply for the registration of identical or similar trademarks for the same or similar goods, the preliminary approval, after examination, and the publication shall be made for the trademark which was first filed. If applications are filed on the same day, the preliminary approval, after examination, and the publication shall be made for the trademark which was the earliest used, and the applications of the others shall be refused and their trademarks shall not be published. And, according to Article 19 of the *Trademark Law*: Any person may, within three months from the date of the publication, file an opposition against the trademark that has, after examination, been preliminarily approved. If no opposition has been filed, or if it is decided that the opposition is not justified, the registration shall be approved, a certificate of trademark registration shall be issued and the trademark shall be published. If it is decided that the opposition is justified, no registration shall be approved. Based on the contents mentioned above, China basically adopts the third practice in the world.

3. 中国对于外国人或外国企业在中国申请注册商标有何规定?

What are the rules if foreigners or foreign enterprises apply for the registration of a trademark in China?

答：根据中国《商标法》第 10 条规定：外国人或外国企业在中国申请商标注册和办理其他商标事宜的，应当委托国家指定的组织代理。中国指定代办商标申请注册的单位是“中国国际贸易促进会”(简称“中国贸促会”)。此外，根据中国《商标法》第 9 条规定：外国人或外国企业在中国申请商标注册的，应当按其所属国和中华人民共和国签订的协议或者共同参加的国际条约办理，或者按对等原则办理。

According to Article 10 of the *Trademark Law*: Any foreigner or foreign enterprise intending to apply for the registration of a trademark or for any other matters concerning a trademark in China shall entrust any of such organizations as designated by the State to act as his or its agent. China Council for the Promotion of International Trade, abbreviated as CCPIT, is such an organization. Moreover, according to Article 9 of the *Trademark Law*: Any foreigner or foreign enterprise intending to apply for the registration of a trademark in China shall file an application in accordance with any agreement concluded between the People's Republic of China and the country to which the applicant belongs, or according to the international treaty to which both countries are parties, or on the basis of the principle of reciprocity.

4. 在国外办理商标注册、续展、转让和进行商标诉讼等活动时，需要公证哪些文件?

What files should be notarized when applying for the registration, renewal, assignment and lawsuit of the trademark abroad?

答：商标注册代理人的授权委托书、商标申请人的营业证书、国内商标注册证书、商标使用许可合同、商标权转让合同、商标注册续展文件等等。

Such files include: letter of authorization for the trademark agent, business license of the trade applicant, domestic certificate of the trademark registration, trademark license contract, trademark assignment contract, trademark registration renewal file, etc.

5. 在中国如何认定驰名商标？

How are well-known trademarks identified in China?

答：加入 WTO 后，中国驰名商标的认定采取双轨制模式。首先，改变了原有的由行政机关单一认定驰名商标的做法，实行法院认定与商标主管行政机关认定相结合的双轨制。再有，当发生新的争议时，驰名商标所有人必须再次提供其商标构成驰名商标的证据材料，由认定机构再予以认定。换言之，驰名商标的认定都是一次有效的。

After its entrance into WTO, China's well-known trademarks can be identified by one of the following two institutions, i.e., either by the court or by executive authorities, though it used to be just by executive authorities. When a dispute arises, the owner of the trademark has to offer again all the evidence that proves the trademark is a well-known one, and wait until the trademark is identified once again by the related institutions. In other words, the identification of a well-known trademark is valid for once only.

单元综合练习二

一　为加点的字选择正确的读音

1. 混淆（hún / hùn）　　4. 私了（liǎo / le）　　7. 供方（gòng / gōng）
2. 那边（nà / nǎ）　　5. 正传（zhuàn / chuán）　　8. 恶意（ě / è）
3. 缩写（suō / shuō）　　6. 限于（yu / yú）　　9. 惩罚（chěng / chéng）

二　根据句子的内容，选择正确答案（在合适的选项前面画√，可选多项）

1. 作为申请注册的商标可以包括__________等要素的组合。

□数字　□字母　□图形　□文字　□三维标志　□颜色组合　□地域名称

2. 被注册的商标包括＿＿＿＿＿等四类，享有商标专用权，受法律保护。

□公司商标　□证明商标　□集体商标　□服务商标
□商品商标

3. 供方在商标使用许可协议中主要规定＿＿＿＿＿等方面的内容。

□许可方式　□使用地域　□授权期限　□使用方式
□商品质量　□侵权行为

4. 根据国际惯例，各国对商标注册主要有＿＿＿＿＿等三种习惯做法。

□使用在先　□3个月　□注册在先　□无异议在先
□本国注册在先

5. 根据国际惯例，驰名商标的认定主要有＿＿＿＿＿等两种方式。

□商标代理人认定　□法院认定　□行政机构认定　□商标事务所认定

三　为下列词语或结构选择合适的解释

1. 游戏规则　（　　）　　A. 发展速度快，经营范围宽。
2. 先礼后兵　（　　）　　B. 表示不要客气或不满意等。
3. 言归正传　（　　）　　C. 事先规定的习惯做法。
4. 看你说的　（　　）　　D. 引入主要话题或回到原来的话题。
5. 摊子铺得大（　　）　　E. 事先告知或提醒对方，不行再使用强硬手段。

四　用指定词语改述下列句子

1. 这是他设下的一场骗局，你可千万别去。（陷阱）

＿＿＿＿＿＿＿＿＿＿＿＿＿＿＿＿＿＿＿＿＿＿＿＿＿＿＿＿＿＿

2. 说实话，这个理由很难让人相信。（说白了）

＿＿＿＿＿＿＿＿＿＿＿＿＿＿＿＿＿＿＿＿＿＿＿＿＿＿＿＿＿＿

3. 你有什么好主意，说出来让我们听听。（高见）

＿＿＿＿＿＿＿＿＿＿＿＿＿＿＿＿＿＿＿＿＿＿＿＿＿＿＿＿＿＿

4. 把这笔货款给他，他也就放心啦。（定心丸）

＿＿＿＿＿＿＿＿＿＿＿＿＿＿＿＿＿＿＿＿＿＿＿＿＿＿＿＿＿＿

5. 我看，还是趁早把董事会的决定告诉他吧，瞒是瞒不住的。（摊牌）

＿＿＿＿＿＿＿＿＿＿＿＿＿＿＿＿＿＿＿＿＿＿＿＿＿＿＿＿＿＿

案例分析

【案情】

北京荣达商标事务所代理香港K公司于今年12月30日向国家工商行政管理局商标局申请在第2类涂料等商品上注册“MULTISPEC”商标。经商标局审查，初步审定“MULTISPEC”商标，并在《商标公告》上发布初步审定公告。在该商标异议期内，北京信达知识产权代理公司代理美国多彩涂料专业有限公司对该商标提出了异议。异议人认为，其公司是“MULTISPEC”商标在全世界范围内的所有人，是集颜料、涂料研究、生产和销售于一身的公司。“MULTISPEC”是其公司英文名称“MULTICOLOR SPECIALTIES”的缩写。被异议人是其公司产品的销售代理，该公司向异议人购买的部分产品已销售到中国。被异议人未经授权抢先在中国申请注册“MULTISPEC”商标，是一种不正当的行为。被异议人辩称，其公司作为异议人的代理商，全资办理一切在中国的展销会、发布会、广告、印刷、销售等。打开市场后，异议人看见利益成熟，有些反悔，给该公司造成种种困难。

中国商标局认为，被异议人作为异议人产品的销售代理，在未经授权的情况下，以自己公司的名义将异议人的“MULTISPEC”商标申请注册，这种行为违反了商业上诚实信用的原则，是一种不正当的竞争行为。根据《商标法》第十九条的规定，经初步审定的“MULTISPEC”商标不予核准注册，异议人所提异议成立。

【问题】 1. 该案例想要说明什么问题？

2. 异议人和被异议人分别指的是哪两家公司？

3. 为什么美国多彩涂料专业有限公司对香港K公司的“MULTISPEC”商标注册提出异议？

课上讨论

题目：1. “王致和”商标在德国被抢注一案已胜诉，你对这一结果是怎么看的？

2. “王致和”商标在德国被侵权一案，胜诉的关键是什么？

补充阅读

一、中国传统的商品标记

“幌子”（huǎngzi）是中国最古老的商品标记，即商标，它的设计简洁优美，色彩鲜亮醒目，既有实用价值，又有审美特点。“幌子”是中国古代店铺用来招徕顾客的形象性商品标记。古代的店铺是没有橱窗的，可是店铺门前有牌匾和招牌。牌匾上面刻的是店铺的字号，招牌上写的是它所经营的商品。当时的老百姓绝大多数是不识字的，无法去识别店铺的牌匾。店铺为了便于顾客辨认它所经营的商品，就在店铺门前悬挂一个象征它所经营的商品的形象标记，有许多是以实物充当商标，如卖鞋的挂鞋，卖帽的则挂帽，卖刀的就把刀挂在店铺外边。这些就是幌子，各行各业有各行各业的幌子。有些幌子具有鲜明的广告意识。如面铺用罗圈彩带做幌子，棉花铺用棉花团和弹棉花的弓子做幌子。这些幌子不论造型还是色彩，都不拘泥于商品的自然形态，而是依据商品的原形，经过巧妙的构思，使其造型新颖而特点突出，色彩夸张而引人注意。如棉花铺幌子，是由四个用红条箍（gū）起来的棉花团和一个弹花弓及红穗组合而成的。药铺的幌子则是由上下三角形，中间四角形构成。面铺的幌子更具有特色，彩带是面条的象征，但没有用面条的本色，而是加以夸张，采用红色，使其既鲜明又有跳跃感，紧紧地抓住了人的视线。

二、经营之道

威廉•德尔曼是美国俄勒冈州立大学的体育教授，他是耐克鞋的发明者。1972年的一天，他忽然发现用凹凸形的铁板压出来的饼，既好吃又有弹性。这一现象引起了他的注意，使他联想到需要有弹性的鞋。他想，如果按做饼的方法，把烤过的橡胶放在制饼的铁板上压一压，然后钉在鞋底下面，能提高鞋的弹性吗？威廉教授按这个想法做了个试验：他在太太的鞋底上钉上了用铁板压过的橡胶块，他太太觉得穿上这种鞋走路特别舒服。试验成功了，于是他把这个发明用在运动鞋的改进上。就这样，富有弹性的耐克鞋问世了。没几年，耐克鞋就占有了很大的市场份额。

但事实上，耐克公司没有一家制鞋厂，也没有一个职员会做鞋，他们把精力全部放在产品的设计和销售上。换句话说，耐克公司把经营重点放在设计新的款式，保证鞋的质量和交货期，并尽可能地降低包销成本上。因此，耐克公司的职员到世界各地物色伙伴，寻找成本更低、质量更可靠、交货期更有保证的厂家，并与之合作。按照耐克公司的经营方式，它的产量不受厂房、设备条件的限制。目前，耐克公司每年都能推出 100 多种新款式，流水线上可生产 1000 多种耐克鞋。如今，耐克公司已经成为世界上最大的一家旅游鞋供应商，无论男女老幼，几乎都喜欢穿耐克牌的旅游鞋。

【思考题】

1. 用铁板压出的饼为什么引起威廉教授的注意？
2. 威廉教授产生了一个什么想法？
3. 耐克鞋是怎么问世的？
4. 耐克公司成功的秘诀是什么？
5. 为什么说耐克公司的产量不受厂房、设备条件的限制？

> 知识产权是一种看不见、摸不着的无形财产权，它能通过使用和有偿转让等多种形式创造财富，让它的拥有者从中受益。

3 他山之石①

第 1 课　专利许可

第 2 课　专有技术许可

第 3 课　交钥匙工程

交际任务：许可贸易与工程承包

一、说明与专利技术转让有关的问题

二、说明与专有技术保密有关的问题

三、说明与工程承包项目有关的问题

四、用替代词语转入新话题

① 他山之石，成语，出自《诗经·小雅·鹤鸣》："他山之石，可以攻玉。"意思是别的山上的石头，可以用来琢磨玉器。现在常用来比喻学习或借鉴他人的经验、引进他人的技术等来帮助自己改正不足，或避免犯同样的错误。

话题背景

在国际技术贸易中，技术转让以制造某一产品、应用某项工艺或提供某种服务的系统知识为转让对象，其主要内容包括工业产权（专利权、商标权）和专有技术。在较为复杂的技术贸易中，常把技术知识的转让连同与该技术有关的机器设备一起售出或租赁，前者称技术软件交易，后者称技术硬件交易。但二者若分开引进，那后者就不属于技术贸易范畴了。

The technology transfer in international technology trade is the transfer of the systematic technology for producing a product, applying a technology or providing a service. It mainly covers the industrial property right (i.e., patent right, trademark right) and the technical know-how. When it comes to the complex technology trade, the technology and knowledge transfer is often combined with the related equipment sales or rental. The former one is called technology software transaction, and the latter one, technology hardware transaction. When these two items are imported separately, only the former one belongs to technology trade.

关键词语

许可贸易：

zhuānlì jìshù　zhuānyǒu jìshù　shǐyòngquán　zhuānlìquán　xǔkě chǎnpǐn　shòuquán　bǎozhèng　jiāofù
专利技术　专有技术　使用权　专利权　许可产品　授权　保证　交付

wéixiū
维修

工程承包：

hétóng chǎnpǐn　hétóng gōngchǎng　jìshù fúwù　jìshù zīliào　zhǐdǎo　péixùn　yànshōu　gǎijìn
合同产品　合同工厂　技术服务　技术资料　指导　培训　验收　改进

pīlù　jiēzhe … dehuà　shùwǒzhíyán　jiēxiàlái　gāngcái shuōde　xiàliè　shàngshù
披露　接着……的话　恕我直言　接下来　刚才说的　下列　上述

cǐ　xiānlì
此　先例

1　专利许可

词语准备

1 词语跟读

1	专利	zhuānlì	（名）	patent 供方向受方转让 S 专利使用权。
2	接替	jiētì	（动）	take over; succeed; take the place of 下个月总公司派人来接替他的工作。
3	授权	shòuquán	（动）	empower; authorize; warrant 没有商标权人的授权，不能使用他人商标。
4	前提	qiántí	（名）	prerequisite; precondition 谈判成功的前提条件是双方都要有诚意。
5	交付	jiāofù	（动）	turn over; hand over; deliver 这个月底，新厂房就可以交付使用。
6	印戳	yìnchuō	（名）	stamp; chop 报价生效时间以寄出国邮局的印戳为准。
7	恕	shù	（动）	excuse me; forgive 恕我直言，这件事很难按贵方的要求来办。

2 熟语学习

1. 甘蔗没有两头甜　gānzhe méiyǒu liǎng tóu tián　It's a matter of leverage.

俗语。意思是不能十全十美或无法兼顾。常用于反问句形式，即：甘蔗哪有两头甜？例如：

A：专利使用费的价格是否高了些？

B：你看，已经延长了使用时间，甘蔗没有两头甜，对吧？

2. 付之东流 fùzhī-dōngliú All previous efforts are wasted.

成语。也说"付诸东流"。比喻希望落空或前功尽弃。常用于提醒对方。例如：

① 如果谈判没有结果，那前边做的将要付之东流。

② 如果贵方坚持这种做法，双方的努力将要付之东流。

3. 退一步，海阔天空 tuì yí bù，hǎi kuò tiān kōng If you are patient in the moment of anger, you will escape a hundred days of sorrow.

俗语。意思是退让一些，对大家都有好处。常用于劝说他人或赞同某种做法。例如：

A：这个条件太过分，我们不能接受。

B：这我理解，不过退一步，海阔天空嘛。

情景会话

【人物】黄　刚：北方造纸厂谈判代表

乔　治：法国 W 印刷股份有限公司谈判代表

【场景】就 S 专利许可一事，北方造纸厂已与法国 W 印刷股份有限公司谈判了一个来月。今天，又一场谈判即将开始，法方主谈还没有到场。

黄　刚：等一下吧，尼克先生还没来。

乔　治：哦，是这样，公司有急事，昨晚他回国了。

黄　刚：哦？要是这样，谈判可以顺延两天。

乔　治：没关系，公司让我临时接替他的工作。

黄　刚：啊，那好，接着昨天的话题谈吧。（用替代词语转入新话题）

乔　治：哦？还有什么补充的吗？（受方说明看法）

黄　刚：关于商标使用方式，希望在许可产品上注明"根据供方许可制造"。

乔　治：这没问题。还是来谈一下技术的授权范围吧。（转入新话题）

黄　刚：关于这个，我想听听贵方的意见。

乔　治：坦率地说，转让 S 技术的授权范围限于中国境内。（供方说明要求）

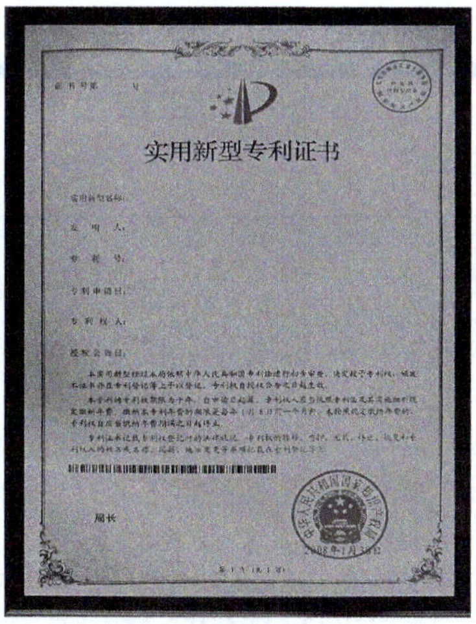

黄　刚：我还是那句话，使用和制造，我们同意。

乔　治：这个嘛我理解，不过甘蔗哪有两头甜的哪？

双方各自提出反对意见

黄　刚：说句不客气的话，希望我们的努力不会付之东流。

乔　治：噢……言重啦，不至于吧。

黄　刚：这是原则问题，许可产品的销售地区最好不要限制过严。

乔　治：这样好吗？如果贵方接受下列条件，我们可以放宽授权限制。

黄　刚：哦？什么条件？

用替代词语转入新话题

乔　治：前提条件是，不包括S专利技术的转让地区。

供方提出要求

黄　刚：你是说，在此基础上，各让一步。

乔　治：说得好，退一步，海阔天空嘛。

黄　刚：你是说上述条件可以接受？

用替代词语指代前面的内容

乔　治：这个，现在还定不了。

黄　刚：这我理解，回头再谈。

乔　治：是这样。关于技术资料的交付日期，应在协议中写明。

黄　刚：可以。以受方机场的印戳日期作为交付的有效期，行吗？

乔　治：行。受方收到资料后，在两周之内，要向供方书面确认。

黄　刚：可以。所提供的技术资料要完整、清晰、可靠。

双方说明各自意见

乔　治：这些啊已在保证条款中说明。

黄　刚：恕我直言，如果发生意外，贵方须免费补齐相关资料。

乔　治：没问题。以上内容，可以在合同中写明。

用替代词语指代前面的内容

黄　刚：对了，最好提供一份专利注册方面的资料。

乔　治：是在华注册的吗？复印件已提交给贵方啦。

黄　刚：哦，我说的是，贵方在其他国家注册的资料。

乔　治：哦，这方面，我不太清楚。

黄　刚：没关系，我们还是希望多了解一些。

情景会话要点

人物关系	商标使用方式	专利授权范围	技术资料交付日期	替代词语
乔治 （供方）		限于在中国境内使用 不包括S专利技术的转让地区	受方收到资料后，在两周之内，要向供方书面确认	许可产品 下列 当事人
黄刚 （受方）	供方许可制造	销售地区不要限制过严	以受方机场的印戳日期作为交付的有效期；如果发生意外，免费补齐相关资料	上述 该 厂家

课堂练习

一 问一问

◆ 以第三者的身份回答下列问题：

1. 关于商标使用方式，黄刚提出了什么补充意见？
2. 关于S专利许可的授权范围，供方提出什么要求？
3. 关于S专利许可的授权范围，受方提出了什么不同意见？
4. 关于S专利技术资料的交付期限，受方认为如何来确定？
5. 黄刚为什么想了解供方在其他国家的专利注册情况？

二 说一说

◆ 对前面已谈过的内容，如何用短语或句式来指代？例如：

1. 那好，接着昨天的话题谈吧。
2. 关于这个，我想听听贵方的意见。
3. 这样好吗？如果贵方接受下列条件，……
4. 你是说，在此基础上，各让一步。

5. 受方收到资料后，在两周之内，要向供方书面确认。

三 分组表演

◆ 关于转让S专利技术，向受方说明你方的看法或想法：

提示词语：坦率地说　前提条件　这个　受方　供方

提示句子：1. 坦率地说吧，转让S技术的授权范围只限于中国境内。

2. 黄总的话提醒了我，如果扩大销售地区，前提条件是不包括S专利技术的转让地区。

3. 说得好，退一步，海阔天空嘛。不过，这个，现在还定不了。

4. 关于技术资料的交付日期，以受方机场的印戳日期作为交付的有效期。再有，受方收到资料后，在两周之内，要向供方书面确认。

◆ 关于转让S专利技术，向供方说明你方的看法或想法：

提示词语：接着……的话　付之东流　还是那句话　在此基础上　上述　恕我直言

提示句子：1. 接着周先生的话，我再说一句，销售地区最好不要限制过严。说句不客气的话，希望我们的努力不会付之东流。

2. 我还是那句话。这是原则问题，许可产品的销售地区最好不要限制过严。

3. 你是说，在此基础上，各让一步，上述条件可以接受。

4. 关于技术资料的交付日期，以受方机场的印戳日期作为交付的有效期。恕我直言，如果发生意外，贵方须免费补齐相关资料。

课后练习

一 练一练

▲ 用指定词语或结构说明你的看法或意见：

1. 如果贵方能接受以下条件，可以扩大许可产品的销售地区。

________________________________（下列）

2. 黄经理，以上条件如果能接受，我们还是可以考虑贵方的要求。

________________________________（上述）

3. 坦率地说，贵方提出的条件，我们难以做到。

____（恕我直言）

二 答一答

关于专利使用权的转让，双方是如何说明各自的要求的？

2 专有技术许可

词语准备

1 词语跟读

1	示意	shìyì	（动）	give a sign
				以手势示意，请大家不要讲话。
2	披露	pīlù	（动）	announce; make public
				不能公开披露这次谈判的内容。
3	泄密	xièmì	（动）	let out (a secret)
				合同规定，受方不能向第三方泄密。
4	不失为	bùshīwéi	（动）	can yet be regarded as; may after all be accepted as
				我同意你的做法，这不失为公平。
5	一揽子	yìlǎnzi	（形）	wholesale; package
				这次的交易是一揽子许可，比较复杂。
6	对等	duìděng	（形）	reciprocity; equity; on an equal footing; reciprocal
				双方应该派出对等人员进行谈判。
7	所有权	suǒyǒuquán	（名）	proprietary rights; ownership
				如果专利所有权人同意，就可以转让。
8	创新	chuàngxīn	（名）	bring forth new ideas; innovate
				这个建筑设计很独特，很有创新性。
9	鉴于	jiànyú	（介）	in view of; in consideration of; in the light of
				鉴于上述情况，应在协议中注明解决办法。
10	培训	péixùn	（动）	train
				这是参加技术培训的人员名单。

熟语学习

1. **先小人，后君子**　xiān xiǎorén，hòu jūnzǐ　specify terms clearly at first and use a good deal of courtesy later

俗语。意思是先按规矩办事，然后再讲友谊，讲礼节。与俗语“丑话说在前头”相近，常用于提醒对方，事后可能会发生不好或不如意的事，最好事先有所规定。例如：

A：王先生，最好在协议中专门订立保密条款，你看呢？
B：同意，先小人，后君子嘛。

2. **显而易见**　xiǎn'éryìjiàn　stick out a mile; obviously; evidently

习用语。表示很容易看出来。在句中可做插入语，常用于说明某方面的情况。例如：

① 我想没有必要再讨论了，显而易见，对方是不会同意的。
② 如果不接受下列条件，显而易见，对方是不会降低价格的。

3. **如此说来**　rúcǐ shuō lái　in this case

习用语。表示根据这种情况或现象等做出某种判断。例如：

A：在生产线的安装、维修和保养方面，双方还有一定的分歧。
B：如此说来，双方近期很难签订协议，对吧？

情景会话

【人物】维　特：外国某公司代表
苏　磊：中国某公司总经理
冯　毅：中国某公司工程师

【场景】上海龙城商务中心的2号会议室。维特先生举手示意，好像要说什么。

维　特：苏总，能插一句吗？
苏　磊：不客气，请讲。
维　特：刚才冯工的话提醒了我，应该写在合同里。

用替代词语指代前面的内容

苏 磊：什么内容？
维 特：受方不能向任何第三方透露技术资料或商业秘密（Trade Secret）。
苏 磊：这个，应该写上。先小人，后君子嘛。
维 特：让我看，在合同中还要订立保密条款。
苏 磊：对，不怕一万，就怕万一嘛。
维 特：你看，最好具体说明。比方说，受方不得向任何第三方披露该项技术。
苏 磊：要是从双方的利益考虑，还应该加一句。
维 特：哪一句？
苏 磊：因供方原因而导致F专有技术泄密，受方有权要求赔偿。 受方说明补充意见
维 特：可以，这样才不失为公平嘛。
苏 磊：那好，接着刚才的话题谈。 用替代词语转换话题
维 特：苏总，刚才说的，能概括一下吗？ 用替代词语指代前面的内容
苏 磊：可以。（转头）冯工，你来说一下。
冯 毅：好的，我来说两句。
维 特：对不起，最好简单些。
冯 毅：各位，洪昌公司与我们的情况不同，显而易见，引进的个别技术需要改进。
维 特：这个，最好以书面形式说明，以免出现差错。
冯 毅：好的。因为是一揽子许可，涉及面比较宽。
维 特：冯工，与洪昌公司的那笔交易也是这样。
冯 毅：这我知道，但其他条件不同。
维 特：这样说，比较客观。
冯 毅：在有效期内，对改进的技术，双方是无偿交换。
维 特：接着冯工的话，我再说两句。 承接前面的内容，转入新话题
冯 毅：（笑了）噢，不客气。
维 特：应当说，这种技术交换，双方是对等的。
冯 毅：没错。准确地说，改进技术的所有权应属于改进方。
维 特：对，对，我要说的就是这个。
冯 毅：如果技术改进是一种创新，那就另当别论啦。
维 特：对，我同意这种说法。
苏 磊：鉴于这种情况，刚才谈的，该写在合同里。 用替代词语指代前面的内容
维 特：同意，应该补写在技术改进和发展条款中。
苏 磊：对，这很重要。那我们谈下个问题吧。 转入新话题
苏 磊：关于生产线的维修，我们需要明确一下责任范围。
维 特：你看，在上海、北京等六大城市，我们有代理维修服务中心。这些图片都是。

冯　毅：我想，苏总说的是，零部件的提供和设备的维修问题。

维　特：哦，这个，在有效期内，可以免费提供零部件和维修设备。

苏　磊：还有，对技术人员的培训，供方应提交一个草案。

维　特：这个问题比较复杂，我建议下次谈。

苏　磊：可以。你看，下午能考察一个维修中心吗？

维　特：没问题，随时都可以去参观。

苏　磊：如此说来，贵方早有准备啊。

维　特：苏总，这也可以看出我们的诚意嘛。

情景会话要点

人物关系	一揽子许可		售后服务	表达方式
	专有技术许可	专利技术许可		
	保密条款	技术改进和发展条款		
维特 （供方）	受方不得向任何第三方披露该项技术	技术交换，双方对等	1. 中国六大城市有代理维修服务中心 2. 有效期内，免费提供零部件和维修设备	刚才……的话 第三方 刚才说的 一揽子许可 改进方 另当别论 下个问题
苏磊 冯毅 （受方）	因供方原因而导致F专有技术泄密，受方有权要求赔偿	1. 在有效期内，对改进的技术，双方是无偿交换 2. 改进技术的所有权应属于改进方 3. 如果技术改进是一种创新，另当别论	1. 关于生产线的维修，要明确责任范围 2. 考察一个维修中心	

课堂练习

一 问一问

◆ 以第三者的身份回答下列问题：

1. 关于专有技术保密问题，供方提出什么建议？
2. 关于专有技术保密问题，受方提出什么建议？
3. 关于技术改进和发展，供方提出什么要求？
4. 关于技术改进和发展，受方提出什么要求？
5. 关于生产线的维修，供方是如何计划的？

二 说一说

◆ 对前面已谈过的内容，如何用短语来指代？例如：

1. 刚才冯工的话提醒了我，应该写在合同里。
2. 这个，应该写上。先小人，后君子嘛。
3. 接着刚才的话题谈。
4. 如果技术改进是一种创新，那就另当别论啦。
5. 鉴于这种情况，刚才谈的，该写在合同里。

三 分组表演

◆ 根据受方的话题，供方对专有技术的保密问题提出建议：

提示词语：让我看　比方说　刚才……的话提醒了我，……
最好……，以免……　应当说

提示句子：1. 让我看，在合同中还要订立保密条款。先小人，后君子嘛。你看，最好具体说明。比方说，受方不得向任何第三方披露该项技术。
2. 苏总，我能插一句吗？刚才冯工的话提醒了我，应该写在合同里。就是说，在合同中还要订立保密条款。不怕一万，就怕万一嘛。
3. 这个，最好以书面形式说明，以免出现差错。应当说，在合同中还要订立保密条款。

◆ 根据供方的话题，受方对技术改进和发展问题提出建议：

提示词语：要是……，还应该加一句　接着……的话，　我再说……句　显而易见
鉴于　准确地说

提示句子：1. 你看，要是从双方的利益考虑，还应该加一句。也就是说，因供方原

因而导致F专有技术泄密，受方有权要求赔偿。这样才不失为公平，对吧？

2. 接着维特的话，我再说两句。因为是一揽子许可，涉及面比较宽。最好以书面形式说明，以免出现差错。
3. 我再说两句。各位，洪昌公司与我们的情况不同，显而易见，引进的个别技术需要改进。
4. 鉴于这种情况，刚才谈的，该写在合同里。就是说，在有效期内，对改进的技术，双方是无偿交换。准确地说，改进技术的所有权应属于改进方。

课后练习

一 练一练

▲ 用指定词语或结构说明你的看法或意见：

1. 恕我直言，如果受方将专有技术透露给第三方，受方应承担赔偿的责任。

______________________________（因……而……）

2. 我方希望把售后服务和技术人员的培训问题写在合同里。

______________________________（比方说）

3. 苏经理刚才谈的几点意见，毫无疑问，是不同意这种做法。

______________________________（显而易见）

二 答一答

关于一揽子许可的转让问题，双方是如何说明各自的要求的？

3 交钥匙工程

词语准备

1 词语跟读

1	标的	biāodì	（名）	object; target
				对修改的合同的标的内容要再审核一遍。
2	称职	chènzhí	（形）	fill a post with credit; be competent
				放心吧，他是一个称职的销售经理。
3	验收	yànshōu	（动）	check before acceptance; check upon delivery
				安装结束后才能进行验收。
4	试车	shìchē	（动）	test-drive
				交付使用前，还要试车验收。
5	自制	zìzhì	（动）	self-made
				这套生产线的主要元件是自制的。
6	先例	xiānlì	（名）	precedent
				你看，这事不好办，也没有先例呀。
7	同一	tóngyī	（形）	the same
				这两笔款采用的是同一支付方式。

2 熟语学习

1. 刨根问底　páogēn-wèndǐ　inquire into the root of a matter

成语。与俗语“打破砂锅问到底”的意思相近，表示仔细追问。例如：

A：你也知道，技术费用的计算比较复杂，我方一时很难列出清单。

B：对不起，不是我喜欢刨根问底，而是这个问题涉及双方的利益。

2. **因小失大** yīnxiǎo-shīdà Spoil the ship for a half penny worth of tar.

成语。意思是为了小的利益，造成大的损失，常用来提醒对方不要这么做。例如：

A：为公平起见，这部分费用还是列出清单为好。

B：可我担心这样会伤害对方的感情，可别因小失大。

3. **心急吃不了热豆腐** xīn jí chī bu liǎo rè dòufu Haste makes waste. A watched pot never boils.

俗语。也说“心急喝不了热粥”，意思是过于着急，反而达不到目的。常用于劝说他人。例如：

① 俗话说：“心急吃不了热豆腐”。让我看，还是等等吧。

② 你这人性子太急，还是慢慢来吧，心急吃不了热豆腐。

情景会话

【人物】鲍　涛：北京康仁贸易公司经理

周　浩：青海W厂厂长

吉　田：康宏株式会社海外事业部部长

上　岛：康宏株式会社海外事业部中国科科长

【场景】青海W厂委托北京康仁贸易公司代其谈判，今天是谈判的第四天。参加人员如下：

承 包 人：吉田（主谈）、上岛（助手）

发 包 人：鲍涛（代理人、主谈）、周浩（最终用户）

交易标的：硬件 → ××× 生产线，包括成套组件和成套散件

软件 → 一揽子许可（专利技术及专有技术使用权的转让）

鲍　涛：关于人员培训和派遣专家，双方还有补充的吗？

周　浩：上述问题，我想补充两点。

吉　田：对不起，我插一句，最好分开谈。

（以补充说明方式转入新话题）

周　浩：可以。关于人员培训，我认为，要保证受方技术人员在供方工厂培训期间，能够掌握制造合同产品的技术。

（就某个问题说明意见）

吉　田：这没问题。请看，这是受方技术人员的培训计划。

周　浩：这个，我们先看一下，回头再交换意见。

吉 田：可以。要是有变动，希望尽快提出。

周 浩：好的。关于派遣专家，我方基本同意这个方案。

吉 田：基本同意？我不明白。

就某个问题说明意见

周 浩：这么说吧，希望贵方能派称职的技术人员赴合同工厂进行技术服务。

吉 田：这要看怎么说啦，我们是按合同办事的。

周 浩：（笑了）有些问题啊是合同解决不了的，对吧？

吉 田：这个，特殊情况很难预料。

周 浩：这我理解。你看，进入试车验收阶段，专家的技术指导非常重要。

吉 田：请放心，我们派去的专家一定会让贵方满意的。

周 浩：说老实话，这关系到合同产品的质量验收。

鲍 涛：那好，接下来，是设备价格和技术费用。

转入新话题

吉 田：软硬件的报价，已经发给 W 厂了。

周 浩：是的，但有些问题还需要沟通。

鲍 涛：我记得是前年，贵方向沈阳的光华集团出口了一套生产线。

吉 田：没错，是这样。

鲍 涛：与光华的报价相比，提高了 8%。

吉 田：这方面，上岛熟悉，（打手势）你来说一下。

上 岛：各位，我要说的是，现在的制造成本高于两年前，对吧？

以强调方式说明意见

鲍 涛：是这样，但原材料的价格有升有降也是实情吧？

上 岛：你看，设备的组件是自制的，但部分散件是外购的，细算有困难。

鲍 涛：我是说，最好提供一份清单。

吉 田：这个，我以为有先例，就不要这么刨根问底啦。

鲍 涛：你说呢？都是老朋友，不必绕圈子。

吉 田：我相信，各位对市场行情也都了解。

鲍 涛：鉴于特殊情况，最好参照光华的报价，下调一半。

吉 田：要是接受这个方案，技术价格（Price Technology）不变。

鲍 涛：这个，按惯例，同一技术多次转让，价格是有区别的。

吉 田：有时可能这样。我要说的是，不要因小失大。

以强调方式说明意见

鲍 涛：周厂长，这个问题比较复杂，下午谈吧，好吗？

周 浩：也好，心急吃不了热豆腐。

吉 田：（对欲走出谈判室的鲍涛）鲍经理，借一步说话，可以吗？

鲍 涛：可以。先休息一下，到办公室谈。

礼貌地请求私下协商

情景会话要点

人物关系	专利和专有技术使用权的转让（技术服务条款）		设备价格和技术费用	指代词语
	人员培训	派遣专家		
吉田 上岛 （供方）	培训计划 有变动，尽快提出	按合同办事	制造成本高于两年前 技术价格不变	供方工厂 合同产品 合同工厂 制造成本 技术价格 先例
鲍涛 （受方代理人）			报价提高了 8% 原材料价格有升有降 报价下调一半 同一技术多次转让，价格有区别	
周浩 （受方）	受方技术人员掌握合同产品的技术	称职技术人员进行技术服务	有些问题还需要沟通	

课堂练习

一 问一问

◆ 以第三者的身份回答下列问题：

1. 关于人员培训，周浩提出什么补充意见？
2. 关于派遣专家，周浩提出什么要求？
3. 硬件设备的报价提高了 8%，上岛是如何说明这个情况的？
4. 关于硬件设备的价格，鲍涛提出什么新的方案？
5. 在什么条件下，吉田同意下调 4% 的价格？

二 说一说

◆ 对前面已谈过的内容，如何用词语或短语来指代？例如：

1. 上述问题，我想补充两点。
2. 这个，我们先看一下，回头再交换意见。
3. 那好，接下来，是设备价格和技术费用。
4. 这个，我以为有先例，就不要这么刨根问底啦。

三 分组表演

◆ 关于人员培训和派遣专家，发包商（W厂）说明自己的意见和原因：

提示词语：上述……，…… 关于……，…… 称职 合同工厂 合同产品

提示句子：1. 上述问题，我想补充一点。关于人员培训，我认为，要保证受方技术人员在供方工厂培训期间，能够掌握制造合同产品的技术。

2. 关于派遣专家，我方基本同意这个方案。就是说，希望贵方能派称职的技术人员赴合同工厂进行技术服务。你看，进入试车验收阶段，专家的技术指导非常重要。说老实话，这关系到合同产品的质量验收。

◆ 关于人员培训和派遣专家，承包商（日方）说明自己的意见和原因：

提示词语：插一句 这要看怎么说了 这么说吧

提示句子：1. 对不起，我插一句，关于人员培训和派遣专家，最好分开谈。

2. 这要看怎么说了，我们是按合同办事的。这么说吧，特殊情况很难预料。请放心，我们派去的专家一定会让贵方满意的。

◆ 关于软硬件的报价，承包商说明自己的意见和原因：

提示词语：我要说的是 先例 借一步说话

提示句子：1. 各位，我要说的是，现在的制造成本高于两年前，对吧？设备的组件是自制的，而部分散件是外购的，细算有困难。

2. 你看，我以为有先例，就不会这么刨根问底啦。我要说的是，不要因小失大。

3. 我相信，各位对市场的行情也都很了解。鲍经理，心急吃不了热豆腐嘛。借一步说话，可以吗？

◆ 关于软硬件的报价，发包商说明自己的意见和原因：

提示词语：接下来 鉴于 这个

提示句子：1. 那好，接下来，谈软硬件的报价。你看，与光华的报价相比，提高了8%。

2. 都是老朋友，不必绕圈子。鉴于上述情况，最好参照光华的报价，下调一半。再有，按惯例，同一技术多次转让，价格是有区别的，对吧？
3. 这个，叫我说啊，原材料价格有升有降，需要说明一下。我是说，最好提供一份清单。

课后练习

一 练一练

▲ 用指定词语或结构说明你的看法或意见：

1. 为了保证专利技术产品的质量，受方技术人员需要提前培训。

______________________________（合同产品）

2. 有些问题不需要再讨论，可以参照以前类似的做法来办。

______________________________（先例）

3. 如果采取一揽子方式转让F技术，先将以下注意事项说明一下。

______________________________（如下）

二 答一答

关于一揽子许可的转让问题，双方是如何说明各自的意见的？

背景广角

1. 国际技术贸易的交易“标的”指的是什么？其如何受到法律的保护？

What is the “trade subject” in international technology trade? How is it protected by law?

答：国际技术贸易的“标的”指的是“知识产权”，分版权和工业产权两大类。而“工业产权”又分为专利权和商标权两种，它们分别受《专利法》和《商标法》的保护。专利权可分为发明、实用新型和外观设计三种形式的专利，商标权也有三种形式，即制造、商业和服务商标。为防止他人仿造或假冒，无论是专利还是商标都要及时注册，经核准后，才能受到注册国或地区的法律保护。再有，注册专利或商标的保护期满前，应事先办理续展手续，否则有效期满后就会被注销。还有，你若看中了他人的商标或专利，应事先与其所有人协商，经对方许可后，方可出资购买，否则就会受到他人的指控。

The “trade subject” in international technology trade refers to “intellectual property/ intellectual property rights”. It is divided into copyright and industrial property right. The latter includes patent right and trademark right. While patent right covers invention patent, utility model patent and design patent, trademark right is subdivided into manufacturing trademark, business trademark and service trademark.

It should be noted that: first, both the patent and trademark should be registered timely so that they can be protected against imitation by the state or regional law after the approval; second, the registration renewal should be applied timely before the protection period expires because after the expiration, the patent or trademark will be charged off; third, when anyone is interested in someone else’s patent or trademark, they can not purchase it until after the negotiation and acquiring the appropriate permission; otherwise, they will be accused.

2. 什么是“商业秘密 ”？

What are “business secrets”?

答：根据《中华人民共和国反不正当竞争法》第十条，“商业秘密，是指不为公众所知悉，能为权利人带来经济利益、具有实用性并经权利人采取保密措施的技术信息和经济信息”。在港台地区多译为“智慧财产权”。技术信息和经济信息包括设计、程序、产品配方、制作工艺、制作方法、管理诀窍、客户名单、货源情报、产销策略、招投标中的标的及标书内容等信息。商业秘密包括工业技术秘密和商业经营秘密。工业技术秘密即专有技术，商业经营秘密可称为经营诀窍，包括竞争的秘密计划、经营策略、市场预测情况、客户名单、货源情报、进货渠道、会计账簿等。

According to Article 10 of the *Law of the People's Republic of China for Countering Unfair Competition*, business secrets (more likely called intelligent property right in Hong Kong and Taiwan) refer to the technical information or operational information which is not known to the public, which is capable of bringing economic benefits to the owners of the rights, which has practical applicability and which the owners of the rights have taken measures to keep secret. Technical and business information include designs, procedures, product formulas, manufacturing techniques and methods, management tips, list of customers, information on resources, producing and selling strategies, the bottom price of tendering and bidding, the contents of bidding documents and other information. It includes the industrial technology secrets (know-how) and business management secrets. The former one is the exclusively owned technology, while the latter one is further divided into the secret plan of competition, management strategy, market estimation, list of customers, information on resources, supply channel and account book, etc.

3. 什么是"国际工程承包"？
What is "international engineering contract"?

答：国际工程承包是指一国的工程发包人或业主（政府部门、企业或项目所有人）委托国外的工程承包人负责按规定的条件完成某项工程任务的一种技术贸易方式。按其方式可归纳为统包和分包两种形式。统包方式，即对一个工程项目建设的全部内容进行承包，包括工程技术、技术设备和劳务。根据统包程度不同，可分为半统包、交钥匙工程承包、产品到收承包三种。分包方式，即对工程项目的各部分内容分别承包，一般是对技术、材料设备、劳务分别承包。分包方式可由工程业主将一项工程分为若干部分，分别与不同承包人签订合同，也可由一个承包人将全部工程包下来，再由其分包给其他承包商，但工程项目由统包商承担全部责任。

When a developer or project owner (which can be a government organization, an enterprise, or other project owner) delegates a certain project to a foreign contractor and asks him to accomplish it under prescribed conditions, this kind of technology trade is called "international engineering contract". It can be a lump sum contract or subcontract. The lump sum contract is the contract covering all parts of the engineering project, including engineering, technical equipment and labor services. It can be further categorized into a semi-lump sum contract, turnkey contract and products-in-hand contract according to the different scopes of the lump sum contracts. Subcontract means that different parts of the engineering project (generally technology, material and equipment, and labor services) are taken into the contract separately. The project owner could divide one project into different parts and sign contracts with more than one contractor, or he could sign the contract with one contractor, who then subcontracts with other contractors but who should take the full responsibility for the project as well.

4. 什么是“交钥匙工程承包”？

What is “turnkey project contract”?

答：交钥匙工程承包，是指承包人除了负责项目方案的选择、设计、施工等外，还要承担设备供应与安装、人员培训与指导等全部责任。工程完工后，还要经过试车和一段时间的运转，确认合同产品质量、产量与原材料、能源消耗都达到合同规定的指标，才算全部履行了合同，并将工程项目移交发包人。

The “turnkey project contract” means that the contractor should be accountable not just for deciding the selection, design, construction of the project scheme, but also for the equipments supply and installation, personnel training and supervision as well. The project will need a period of trial run even after it is accomplished. It is when all, i.e., including the products quality, its output, raw material and energy consumption, have reached the standard prescribed in the contract that the contract is agreed to be fully performed and the engineering project could be finally handed over to the developer.

5. 中国缔结或加入的国际公约主要有哪些？

What international conventions has China concluded or acceded to?

答：根据有关资料，中国缔结或者加入的国际公约有《世界版权公约》《世界知识产权组织公约》《专利合作条约》《保护工业产权巴黎公约》和《商标注册条约》等。

According to the related material, China has concluded or acceded to international conventions including *Universal Copyright Convention*, *World Intellectual Property Organization*, *Patent Cooperation Treaty*, *Paris Convention for the Protection of Industrial Property* and *Trademark Registration Treaty*, etc.

6. 在申请商标或专利注册时，《巴黎公约》成员国之间享有“优先权”是什么意思？

When applying for the registration of trademark or patent, what is the right of priority among the members of *Paris Convention*?

答：根据《巴黎公约》的规定，商标或专利申请人在向其他成员国提出注册申请时，可以在一定期限内（发明和实用新型为12个月，商标和工业品外观设计为6个月）享有“优先权”。换句话说，其申请注册的日期可以首次申请的日期为准。反过来说，如果超过了上述规定的期限，就不能享有这种“优先权”。

According to *Paris Convention*, any person, who has duly filed an application for the registration of a trademark or a patent in one of the countries of the Union shall enjoy a right of priority during the periods hereinafter fixed (twelve months for patents and utility models, and six months for industrial designs and trademarks). In other words, the date of registration application is considered as the date of the earliest application; yet, if the prescribed period expires, the person can't enjoy the right of priority.

单元综合练习三

一 为加点的字选择正确的读音

1. 披露（lòu / lù）　4. 标的（de / dì）　7. 一揽子（yì / yī）
2. 泄露（lòu / lù）　5. 下列（liè/ lì）　8. 称职（chèn / chēng）
3. 透露（lòu / lù）　6. 先例（lì/ liè）　9. 转让（zhuǎn / zhuàn）

二 根据句子内容，选择正确答案（在合适的选项前画√，可选多项）

1. 知识产权包括________，工业产权包括________。
   □经营权　□著作权　□商标权　□专利权　□技术秘密　□商业秘密
2. 在国际技术贸易中，谈判主要分________和________两部分。
   □准备阶段　□实地考察　□技术谈判　□商务谈判　□价格谈判
3. 商业秘密的范围大于专有技术，后者不包括________。
   □经营信息　□知识性　□地域性　□秘密性　□实用性　□时间性
4. 在国际技术贸易中，技术秘密也可称为________。
   □技术诀窍　□专利技术　□专有技术　□诺浩　□商业秘密

5. 专利权具有________等特征。

□国家授予　□排他性　□地域性　□时间性　□秘密性

三 为下列词语选择合适的解释

1. 因小失大　(　　)　A. 一定要提前预防。
2. 另当别论　(　　)　B. 很难兼顾到两边。
3. 刨根问底　(　　)　C. 为小利而失去更多。
4. 甘蔗哪有两头甜　(　　)　D. 不能混在一起谈。
5. 不怕一万，就怕万一　(　　)　E. 非要把事情搞清楚。

四 用指定词语改述下列句子

1. 你再考虑考虑，管理太严，效果不会好。（过严）

____

2. 你这是怎么啦？有话直说，别说这说那的。（绕圈子）

____

3. 在这个时候，你能站出来说话，还算得上是好朋友。（不失为）

____

4. 哪有这样的好事？绝对不可能。（免费）

____

5. 这样做有什么奇怪的？早就有人做过了。（先例）

____

案例分析

【案情】

日本甲公司研制出一种汽车速度监测装置，2007 年 5 月在日本提出了专利申请。同年 7 月，中国乙公司也研制出同样的装置，并向中国专利局申请发明专利。同年 10 月，日本甲公司向中国专利局提出该项专利申请，并提供了优先权的书面声明及相关资料。中国专利局经过审理，批准甲公司的专利申请在华享有优先权，向甲公司授予发明专利权，而中国乙公司的专利申请被驳回，未被授予专利权。

【要求】　中国专利局为什么把该项发明的专利权授予日本甲公司呢？

选用下列词语或结构来说明：

同年　早于　比方说　显而易见　反过来说　另当别论

【问题】　为什么乙公司的专利申请被中国专利局驳回？

课上讨论

题目：你知道中国都加入了哪些工业产权保护国际公约、条约或协定吗？

补充阅读

一、从品牌译名谈起

如果你的产品在全球范围内销售，可能会遇到种种文化障碍，比方说，语言差异、消费习惯差异、宗教差异等诸多不定因素的影响。从传统观念来讲，中国人更讲究文化内涵，一般喜欢以喜庆、兴隆、吉祥的词来为公司或店铺命名，如“百盛”“天润发”“好来顺”“全聚德”“泰福顺”等等。在进入中国市场之前，许多跨国公司将自己的品牌名称译成汉语时，很注重文化习俗，收到了意想不到的效果。

一般来说，西方人习惯以姓氏作为公司的名称，像爱迪生公司、沃尔特•迪斯尼公司、福特公司等。如“麦当劳”，英文名称是“McDonald’s”，它是店主人的名字，如直译成汉语是“麦克唐纳的店”，但译者只保留了原品牌名称的发音，译为“麦当劳”。再如“可口可乐”，英文为“Coca-Cola”，其含义是两种不同植物的名称，若意译则为古柯树和可乐树。译者从味道入手，按中文的意思组成了“可口可乐”这一品牌名称。除上述例子外，有的品牌名称只是意译，如“大众汽车”，德文原名为“Volkswagen”，“Volks”的意思是“人民大众”，“wagen”是“汽车”。有的是以简称作为品牌名称，如慕尼黑的一家汽车生产厂，德文全称是“Bayerische Motoren Werke”，意思是“拜耶里奇飞机引擎生产厂”，简称“BMW”，其中文名称为“宝马”，既浪漫、简洁又贴切，重点突出品质和信誉，为中国人所接受。

二、经营之道

在森林里，住着三只蜥蜴（lizard）。一天，一只蜥蜴发现自己的身体和周围环境的颜色不同，便对另外两只蜥蜴说：“我们住在这儿实在太不安全了，要想办法改变环境才行。”说完，那只蜥蜴便开始行动了。他只想把和自己颜色一样的植物留下。另一只蜥蜴看了以后说：“这样太麻烦了，有时我们是无法改变环境的。与其这样，还不如去找适合我们生活的地方。”说完，他拿着行李就走了。第三只蜥蜴看了看周围的环境，自言自语说：“为什么一定要让环境适应我们呢？难道我们就不能改变自己，来适应周围的环境吗？”说完，他便借着阳光和阴影，慢慢改变自己的肤色。不一会儿，它就消失在大自然中了。

【思考题】

1. 当企业面对外部环境时，会像那三只蜥蜴一样采取哪几种不同的做法？

2. 你认为，企业面对激烈竞争的外部环境时，应该选择哪种做法？

技术领先就是跨越。

4 借船出海

交际任务：加工贸易

一、以劝说方式表明想法
二、以抱怨或埋怨方式表明态度
三、讨论与加工产品相关的问题

话题背景

“加工贸易”也称“委托加工出口业务”。“来件加工”或“来料加工”也称“加工装配业务”。这种贸易形式不同于一般贸易，是以保税方式进行委托加工，把进口、加工和出口这三个环节联系在一起。在世界上，多数国家是以设立出口加工区的方式来发展加工业务。“加工贸易”主要有来件装配、来料加工、进料加工、补偿贸易等四种方式。这种贸易方式是为了吸引外资、技术和管理经验，利用本国（地区）劳动力、土地资源等方面的优势来发展出口加工制造业，达到扩大出口、增加外汇和就业的目的。

“Processing trade” is also called “processing deal for export”.“Processing with provided material” is also called “processing and assembling trade”. This kind of trade is different from the ordinary trade in that it is the consigned processing with protective tariff and it connects the three links between import, processing and export. Most countries in the world develop their export processing businesses by establishing export processing zones. Generally, “processing trade” takes the following four forms: assembling with supplied parts, processing with provided material, processing with imported material and compensation trade. “Processing trade” is aimed at attracting foreign investment, advanced technology and management experience. The state could take advantage of its local labor, land and other resources to develop export processing and manufacturing business in order to expand its export, increase foreign exchange and invite more employments.

关键词语

加工贸易： 来件装配（láijiàn zhuāngpèi） 来料加工（láiliào jiāgōng） 进料加工（jìnliào jiāgōng） 工缴费（gōngjiǎofèi） 组装（zǔzhuāng） 半成品（bànchéngpǐn） 成品（chéngpǐn） 原料（yuánliào） 辅料（fǔliào） 真是的（zhēn shì de） 你看你（nǐ kàn nǐ） 你说你（nǐ shuō nǐ） 你看我（nǐ kàn wǒ） 算了（suànle） 何苦呢（hé kǔ ne） 贴牌（tiēpái） 品牌（pǐnpái） 边角料（biānjiǎoliào）

1 来件装配

词语准备

1 词语跟读

1	私自	sīzì	（副）	privately 商量好的事，不能私自改变。
2	工缴费	gōngjiǎofèi	（名）	processing fee 那批活儿的工缴费已经到账了。
3	超标	chāo//biāo	（动）	out of limits; exceed the provided standard 超标的费用从工缴费中扣除。
4	含量	hánliàng	（名）	content 大豆的蛋白质含量很高。
5	半成品	bànchéngpǐn	（名）	semi-manufactured goods; semi-finished products 进口的原料要加工成半成品。
6	卖关子	mài guānzi		stop a story at a climax to keep the listeners in suspense; keep people guessing 有话快说，别卖关子。
7	研发	yánfā	（动）	R&D (research & development) 替代产品已经研发成功。

2 熟语学习

1. 小不忍则乱大谋　xiǎo bù rěn zé luàn dà móu　a little impatience spoils great plans; lack of forbearance in small matters upsets the whole

俗语。意思是小事情不肯忍让，就会打乱整个计划。一般用来劝说他人。例如：

A：他怎么这样呢？这件事一定要让他说清楚。

B：算啦，小不忍则乱大谋。

2. 让人牵着鼻子走 ràng rén qiānzhe bízi zǒu be led by the nose; be in a totally passive position

习惯说法。比喻没有主见，喜欢听从别人，或指依靠或依赖他人。常用于抱怨他人或表示无奈。例如：

① 你看你，让人牵着鼻子走都不知道。

② 他现在没有办法，只能让人牵着鼻子走。

3. 在一棵树上吊死 zài yì kē shùshang diàosǐ keep staying with the only choice

习惯说法。比喻选择单一方式来解决问题，即办事比较死板、固执，不会变通。常用于劝说或指责他人。例如：

① 干吗求他？何必在一棵树上吊死？

② 你说这人傻不傻，非要在一棵树上吊死。

情景会话

【人物】郑　祥：山东威海出口加工区东兴厂副厂长

金正浩：山东威海出口加工区东兴厂厂长

【场景】十年前，韩商金正浩来华投资经营微波炉加工业务，在山东威海出口加工区建立了东兴厂。郑副厂长走进了金厂长办公室。

郑　祥：怎么啦，厂长？一脸的不高兴。

金正浩：你看，海关来通知啦。

郑　祥：（看了一下）哦！来件不是日本产的。

金正浩：可不，私自改变了零部件的加工产地。

郑　祥：真是的，怎么会这样？ 〔抱怨某人的做法〕

金正浩：是在第三国生产的。

郑　祥：我说的嘛，上批的零部件有的不配套。

金正浩：这个，和对方说了吗？

郑　祥：说了。日方说，损耗率不会超标。

金正浩：你看，这不明摆着吗？

郑　祥：还说，这个不算超标，工缴费照付。

金正浩：叫我说，该按合同办事。

郑　祥：怎么说呢，厂长，小不忍则乱大谋。 〔劝说对方〕

金正浩：那也不能让人牵着鼻子走吧。
郑　祥：那倒是，遇事不能怕事。
金正浩：对，这回呀得有两手准备。
郑　祥：你是说换货？
金正浩：不，不是，容我想想。
郑　祥：让我说，这样下去也不行。
金正浩：这样吧，先把鉴定证书发给对方。
郑　祥：也行，看他们怎么说。

金正浩：这是最后一批活儿吧？
郑　祥：对。厂长，干完再说，就晚啦。
金正浩：就这样，要按时装运。
郑　祥：我不明白。
金正浩：你看啊，明年的加工数量减少了一半。
郑　祥：是啊，这有什么关系？
金正浩：这么说吧，组装加工这部分还干。
郑　祥：这部分，技术含量低。
金正浩：对呀，老干这个也不行啊。
郑　祥：哦，有新的打算？
金正浩：没想好。明年啊，我们也加工半成品。
郑　祥：这个，对方能答应吗？
金正浩：你看你，非要在一棵树上吊死？
郑　祥：你是说，找新的伙伴合作？
金正浩：不仅这样。
郑　祥：你看你，又卖关子。　　抱怨对方
金正浩：你看啊，我们要开发新的市场。
郑　祥：这个肯定不是你的目的。
金正浩：对，只是其中的一个。
郑　祥：你是说，要有自主品牌？
金正浩：没错，留下一部分搞加工。
郑　祥：你是说，开发新产品？
金正浩：对，要自己研发设计。
郑　祥：啊，从“微笑曲线”的底部向两端升级。
金正浩：说得好。要从简单的 OEM 向 ODM、OBM 升级，这才是出路。
郑　祥：对对对，贴牌生产走不了多远。

金正浩：这个，得好好儿研究研究。

郑　祥：对了，这是日方发来的传真。

金正浩：哦，怎么不早说？ 抱怨对方

郑　祥：你看我，一打岔，给忘了。 自我抱怨

金正浩：（边走边看）走，先开会。

情景会话要点

人物关系	来件组装（微波炉）		企业的未来发展	表达方式
	零部件的质量	解决的办法		
金正浩 （加工方）	私自改变零部件加工产地； 按合同办事	把鉴定证书发给日方，按时装运	得有两手准备； 留下一部分搞加工； 自主研发设计，要有自主品牌	真是的 明摆着 你看你 你看我
郑祥 （加工方）	上批的零部件有的不配套	换货	组装加工技术含量低， 贴牌生产走不了多远	
日方 （委托方）	零部件在第三国生产， 损耗率不会超标	工缴费照付		

课堂练习

一　问一问

◆ 以第三者的身份回答下列问题：

1. 金厂长为什么不高兴？
2. 委托方提供的零部件存在什么问题？
3. 如果来件有质量问题，该由哪方来承担？

4. 加工方赚取的是什么费用？
5. 金厂长有什么新的打算？

二 说一说

◆ 当你抱怨对方 / 自己或劝说某人时，如何说明你的想法？例如：

1. 真是的，怎么会这样？
2. 你看，这不明摆着吗？
3. 怎么说呢，厂长，小不忍则乱大谋。
4. 你看你，非要在一棵树上吊死？
5. 你看我，一打岔，给忘了。

三 分组表演

◆ 以劝说方式开始，向对方说明企业未来的发展方向：

提示词语：怎么说呢　这么说吧　让我说　叫我说　小不忍则乱大谋　两手准备

提示句子：

1. 怎么说呢，刘总，遇事不能怕事，但小不忍则乱大谋。您看，这回呀得有两手准备。就是说，留下一部分搞加工，重点开发自主品牌。您看呢？
2. 黄总，总不能在一棵树上吊死吧？这么说吧，从长远的发展看，要从简单的 OEM 向 ODM、OBM 升级，这才是出路。让我说，贴牌生产走不了多远。
3. 张经理，这么说吧，贴牌生产走不了多远。叫我说，这回呀得有两手准备。从长远的发展看，要自己研发设计，开发新产品，这才是出路。
4. 让我说，贴牌生产走不了多远。这么说吧，组装加工这部分还干，但这部分技术含量低。明年啊，我们也加工半成品。这是一方面。再有，要自己研发设计，开发新产品。就是说，要有自主品牌。说白了，要从"微笑曲线"的底部向两端升级，这才是出路。

◆ 以抱怨方式开始，向对方说明企业未来的发展方向：

提示词语：真是的　怎么会这样　这不明摆着吗　让人牵着鼻子走　你看你

提示句子：

1. 真是的，怎么会这样？刘总，这么说吧，贴牌生产走不了多远。让我说，这回呀得有两手准备，不能让人牵着鼻子走。从长远的发展看，要自己研发设计，开发新产品，这才是出路。
2. 你看，这不明摆着吗？让人牵着鼻子走。这回呀得有两手准备，就是说，留下一部分搞加工，重点开发自主品牌，这才是出路。

3. 你看你，非要在一棵树上吊死？这回呀得有两手准备，不能让人牵着鼻子走。这么说吧，贴牌生产走不了多远。也就是说，应从“微笑曲线”的底部向两端升级，这才是出路。
4. 真是的，刘总，这不是明摆着吗？哪能让人牵着鼻子走呢？让我说，这回呀得有两手准备。这么说吧，先留下一部分搞加工。再有，要自己研发设计，开发自主品牌。要从“微笑曲线”的底部向两端升级，这才是出路。

课后练习

一 练一练

▲ 用指定词语或结构说明你的看法或意见：

1. 因做错了某事而埋怨自己，你如何向对方说明这一想法？

________________________（你看我）

2. 因某事而对他人不满，你如何向对方说明这一想法？

________________________（真是的）

3. 因某事抱怨对方，你如何向对方说明这一想法？

________________________（你看你）

二 答一答

“微笑曲线”是一条说明产业附加价值的曲线。从横线来看，由左至右代表产业的上、中、下游。左边是研发，中间是制造，右边是营销。纵线代表附加价值的高低。从市场竞争状况看，曲线左边的研发是全球性的竞争，曲线右边的营销是地区性的竞争。

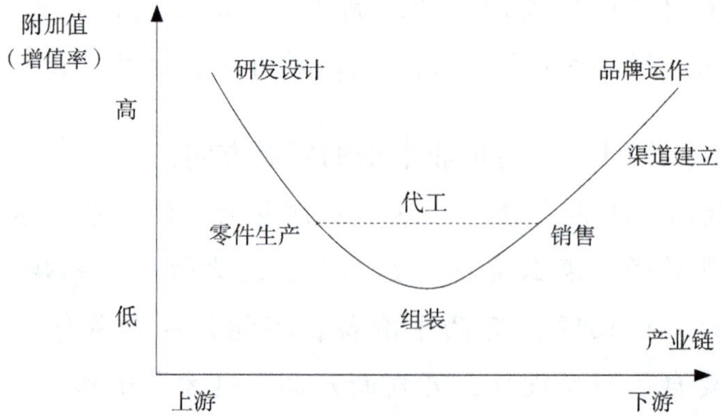

【问题】根据“微笑曲线”理论，你认为加工企业应如何发展？

2 来料加工

词语准备

词语跟读

1	玩具	wánjù	（名）	toy; plaything 我们委托他们厂来加工这批玩具。
2	毛绒	máoróng	（形）	plush 韩商要加工一批毛绒玩具。
3	挖墙脚	wā qiángjiǎo		undermine the foundation of sth.; undermine the solidarity; cut the ground from under someone's feet 挖别人的墙脚是不正当的竞争手段。
4	扫兴	sǎo//xìng	（形）	disappointing 算啦，别说这些扫兴的话了。
5	活儿	huór	（名）	work 这批活儿下个月初就要装运了。
6	指定	zhǐdìng	（动）	appoint 委托方指定T厂加工这批活儿。
7	辅料	fǔliào	（名）	accessory; trimmings 由委托方来承担辅料的运费。
8	图纸	túzhǐ	（名）	blueprint; drawing 这是新产品的设计图纸。
9	卡通	kǎtōng	（名）	cartoon 这种卡通玩具销量不错。
10	逼真	bīzhēn	（形）	lifelike; almost real; vivid; true to life 这个玩具汽车外形非常逼真。

2 熟语学习

1. 好心不得好报　hǎoxīn bù dé hǎo bào　get no thanks for one's good intentions

俗语。意思是一片好意，得不到感谢，反倒落埋怨或不是。常用于抱怨他人。例如：

A：你看，帮他找客户吧，他却说我挖他的墙脚。
B：这种人，没法说。嗐，好心不得好报哇。

2. 过河拆桥　guòhé-chāiqiáo　kick down the ladder; burn the bridge after using it

成语。比喻达到目的以后，就把曾经帮助过自己的人一脚踢开。常用于抱怨或不满。例如：

A：张总，以前你帮过他多少次。这回他会帮忙的。
B：算啦，你不知道，这种人过河拆桥。

3. 鸡飞蛋打　jīfēi-dàndǎ　the hen has flown away and the eggs have been broken; all is lost; everything is lost

成语。比喻两头落空，毫无所得。常用于抱怨他人或提醒对方。例如：

A：你看，最好是一手交钱，一手交货。
B：说的也是，最后可别鸡飞蛋打。

情景会话

【人物】朱达：中国玩具生产商
　　　　康华：中国玩具生产商
　　　　孙亮：中国商人
　　　　约翰：外国客户

【场景】上海商贸中心正在举行中国国际玩具展览会，102 展台前摆放着毛绒玩具的样品。

朱　达：嗐，真是好心不得好报！　（为某事而抱怨）
康　华：怎么这样？挖别人的墙脚！
朱　达：说句难听的话，这叫过河拆桥！　（抱怨某人的做法）

康　华：没想到，他们居然抢别人的客户。
孙　亮：（走过来）怎么啦？拉着脸。
康　华：还说呢，都怨你。　　抱怨对方
孙　亮：我？怎么啦？
朱　达：算啦，不说这个。
康　华：瞧我，说气话呢。
朱　达：不说啦，让人扫兴。
孙　亮：啊……为那事啊。何苦呢？不值。　　劝说对方
朱　达：说的也是。有事吗？
孙　亮：有兴趣吗？有个客户想加工毛绒玩具，活儿挺急。
朱　达：什么条件？
孙　亮：运费由委托方承担。
朱　达：你是说，进口原材料采用 CIF，成品出口是 FOB？
孙　亮：没错，是这样。
朱　达：付款方式呢？
孙　亮：以 T/T（电汇）方式支付工缴费。
朱　达：还有呢？
孙　亮：由委托方指定的货代公司承运双向货物。
朱　达：你是说，由委托方指定的货代公司承运？
孙　亮：对，这是一个条件。
朱　达：这个，要小心，可别鸡飞蛋打。　　以劝说方式提醒对方
孙　亮：你是说，难以控制，对加工方不利？
朱　达：这不明摆着？叫我说啊，必须采用对开信用证。
孙　亮：这个，可以商量。
朱　达：这还行。原料呢？
孙　亮：面料和辅料，分两次供应。
朱　达：我说，能看一下设计图纸吗？
孙　亮：这样吧，让他过来，一块谈。
朱　达：那再好不过了。
（过了一会儿）
康　华：哦，是你，约翰先生？
约　翰：（握手）噢，你好！没想到是你们公司。
孙　亮：哦，认识？那你们先谈，我有点儿事。　　说明原因，结束谈话
朱　达：也好，你先忙，晚上一块吃饭，我请。

孙　亮：你看你，见外了吧。　　抱怨对方

朱　达：那哪儿成？等我的电话。

康　华：来，介绍一下，这是朱总。

约　翰：（握手）你好！这是设计图纸的资料。

朱　达：（边看边说）卡通形象，很可爱。

约　翰：如果你们感兴趣，我想去工厂看看。

朱　达：这样吧，先看一下我们的新产品。

康　华：请看，这几个展台，都是新产品。

约　翰：哦，这几个玩具很逼真嘛。

朱　达：这是我们设计的新产品。

约　翰：有现货吗？

康　华：对不起，目前只有样品。

约　翰：噢……怎么会呢？

朱　达：是这样，您先看样品，只要您下订单，我们可以马上投入生产。

约　翰：那好，我先看看。

情景会话要点

人物关系	来料加工（毛绒玩具）			表达方式
	价格	支付方式	成交的条件	
朱达、康华（加工方）		对开信用证	设计图纸	真是 挖墙脚 还说呢 算啦 瞧我 扫兴 何苦呢 不值
孙亮（介绍人）	有兴趣吗？有个客户想加工毛绒玩具，活儿挺急。			
约翰（委托方）	进口原材料采用 CIF，成品出口是 FOB	以电汇方式支付工缴费	面料和辅料，分两次供应 指定货代公司承运 实地考察工厂	

课堂练习

一 问一问

◆ 以第三者的身份回答下列问题：

1. 他俩为什么说那么多的抱怨话？
2. 孙亮为什么事去找朱总？
3. 来料加工的运费应由哪方承担？
4. 关于玩具加工，朱总提出了什么要求？
5. 听说只有样品，约翰先生是怎么抱怨的？

二 说一说

◆ 如何以劝说或抱怨方式向对方说明自己的看法？例如：

1. 嗐，真是好心不得好报！
2. 怎么这样？挖别人的墙脚！
3. 说句难听的话，这叫过河拆桥！
4. 啊……为那事啊。何苦呢？不值。
5. 这个，要小心，可别鸡飞蛋打。

三 分组表演

◆ 以劝说方式开始，介绍人向加工方说明委托方的交易条件：

提示词语：何苦呢　不值　算啦　鸡飞蛋打　你看

提示句子：1. 怎么啦？拉着脸。啊……为那事啊，何苦呢？不值。有兴趣吗？有个客户想加工毛绒玩具，活儿挺急。你看，运费由委托方承担。进口原材料采用 CIF，成品出口是 FOB。怎么样？

2. 啊……为那事啊。何苦呢？算啦，不值。朱经理，这是卡通玩具的设计图纸资料。如果感兴趣，委托方希望去工厂看看。

3. 这个，要小心，可别鸡飞蛋打。你看，委托方希望以电汇方式支付工缴费。叫我说啊，难以控制，对加工方不利，最好对开信用证。

◆ 以抱怨方式开始，委托方或加工方说明各自的要求：

提示词语：真是　扫兴　过河拆桥　算啦

提示句子：1. 嗐，真是好心不得好报。不说啦，让人扫兴。怎么样？有批毛绒玩具要加工。按惯例，进口原材料采用 CIF，成品出口是 FOB。还有，面料和辅料分两次供应。条件是由我方指定的货代公司承运双向货物。要是感兴趣，可以先看一下设计图纸的资料。

2. 说句难听的话，这叫过河拆桥。算啦，不说啦。对了，贵方想以T/T方式支付工缴费。叫我说啊，最好对开信用证，这样不失为公平。请看，这几个展台，都是我们设计的新产品。如果感兴趣，可以去工厂看看。

课后练习

练一练

▲ 用指定词语或结构说明你的看法或意见：

1. 为某事而劝说对方不要生气，如何向对方说明自己的想法？

   ______________________________（何苦呢）

2. 由于对方或他人的原因你才这么做，如何说明自己的想法？

   ______________________________（还说呢）

3. 对自己的某种做法不满意，你如何向对方说明这一想法？

   ______________________________（瞧我）

3 进料加工

词语准备

1 词语跟读

1	没戏	méi//xì	（动）	no way; impossible 真倒霉，那事又没戏啦。
2	包销	bāoxiāo	（动）	underwrite; exclusive sale 对方希望明年包销我们的产品。
3	唱白脸儿	chàng báiliǎnr		play the villain 真是的，干吗老让我唱白脸儿？
4	出岔子	chū chàzi		go amiss 这回一定要小心，可千万不能出岔子。
5	残次	cáncì	（形）	defective 怎么搞的？这批活儿有 5% 是残次品。
6	边角料	biānjiǎoliào	（名）	shorts; offcuts; leftover bits and pieces (of industrial materials) 皮革的边角料可以做副产品。
7	打款	dǎ//kuǎn	（动）	remit the payment 加工方要求我方在成品装运前打款。
8	代理商	dàilǐshāng	（名）	agent 我们希望在巴黎做贵方的代理商。
9	透风	tòu//fēng	（动）	divulge a secret; leak 屋里太闷了，出去透透风。/ 谈判前不要向对方透风。

2 熟语学习

1. **以次充好**　yǐ cì chōng hǎo　substitute shoddy goods for good cargo

固定搭配。次，形容词，表示质量差或品质差。充，动词，指“充当”。表示以差的、不好的来冒充好的。例如：

① 做买卖就要讲信誉，不能以次充好。

② 不能这样做，怎么能以次充好呢？

2. **等米下锅**　děng mǐ xià guō　await rice to cook

俗语。比喻等钱用或等着……做某事。本课中的意思是等皮料加工。例如：

① 张老板，那笔款什么时候到？我可是等米下锅呀。

② 赵先生，那批料什么时候装运？我可是等米下锅呢。

3. **哪壶不开提哪壶**　nǎ hú bù kāi tí nǎ hú　touch the tender spot

俗语。意思是说不该说的话或者做不该做的事。常用于抱怨或埋怨他人，表示不满。例如：

A：我听说你那笔买卖没戏啦，是吗？

B：真是的，别哪壶不开提哪壶。

情景会话

【**人物**】安娜：深圳皮革制品有限公司销售部职员

肖杰：深圳皮革制品有限公司销售部经理

【**场景**】在深圳皮革制品有限公司销售经理的办公室，安娜正向肖经理抱怨着什么。

安　娜：真倒霉，这回又没戏啦。（为某事而抱怨）

肖　杰：算啦，还有机会。（劝说对方）

安　娜：话是这么说，可是……

肖　杰：说正事，谈得怎么样，昨天？

安　娜：还行，原料和出口成品分别作价。

肖　杰：进料开的是远期信用证吧？

安　娜：对，成品交付时开即期信用证。
肖　杰：这个好，对双方都有利。
安　娜：还有，日方提出，成品由他们全部包销。
肖　杰：这个，只能三分之一。
安　娜：经理，老客户，明年再改吧。
肖　杰：明年？那哪儿成？
安　娜：干吗说变就变哪，经理？
肖　杰：别发牢骚啦，这也不是谁能决定的。
安　娜：你是说，董事会决定的？
肖　杰：可不，要尽快建立新的销售渠道。
安　娜：真是的，早不决定，晚不决定，偏偏这时候决定。
肖　杰：你看你，又发牢骚。
安　娜：真倒霉，还得我去唱白脸儿。
肖　杰：厂长说啦，非你莫属。
安　娜：哼，净说好听的。
肖　杰：对啦，上个月进口的皮料到了吧？
安　娜：到啦，可出了点儿岔子。
肖　杰：怎么啦？
安　娜：经海关检验，5%的皮面有残次。
肖　杰：那怎么处理的？
安　娜：已经通知意大利的出口商了。
肖　杰：对方怎么说的？
安　娜：对方说，这笔交易是进料加工复出口业务。
肖　杰：那也不成。以次充好，边角料会超标的。
安　娜：可不，也会影响到成品的质量。
肖　杰：这个，你说，别不是故意的吧？
安　娜：不好说，没有证据。
肖　杰：你说怎么办？等米下锅呢。
安　娜：对方说，按进料加工，无须考虑进料的质量。
肖　杰：开玩笑，怎么可能？
安　娜：经理，要是像上次那样，麻烦就大啦。
肖　杰：你说你，哪壶不开提哪壶。
安　娜：你忘啦那次，对方就是不打款。
肖　杰：可不，交付成品时，对方说有质量问题。

为某事而抱怨

劝说对方

为某事而抱怨

埋怨某人的某种做法

埋怨某人的某种做法

埋怨某人的某种做法

安　娜：前车之鉴，不能不防啊。

肖　杰：这样吧，跟厂长汇报一下。

安　娜：最好这样。

肖　杰：得把好原料关。

秘　书：（进来）肖经理，卡尔先生到了。

肖　杰：请他去会客室吧。

秘　书：好的，我去安排一下。

安　娜：是代理商吧？

肖　杰：对，准备开拓新的销售渠道。

安　娜：那你先忙，回头再说。

肖　杰：也好，向日商透透风。

安　娜：好的，就按你说的办。

情景会话要点

<table>
<tr><th rowspan="2">人物关系</th><th colspan="3">进料加工</th><th>来料加工</th><th rowspan="2">表达方式</th></tr>
<tr><th>价格</th><th>支付方式</th><th>销售渠道</th><th>原料质量</th></tr>
<tr><td>肖杰
（加工方）</td><td rowspan="2">进口原料；
出口成品；
分别作价</td><td rowspan="2">原料：
开立远期 L/C
成品：
开立即期 L/C</td><td>1/3 的成品
由日商包销</td><td>通知意商；
以次充好；
把好原料关</td><td rowspan="4">真倒霉
发牢骚
真是的
你看你
你说你
前车之鉴
把关</td></tr>
<tr><td>安娜
（加工方）</td><td>老客户；
明年再改</td><td>5% 的皮面有残次，
影响成品质量</td></tr>
<tr><td>日方
（委托方）</td><td></td><td>对开信用证</td><td>成品全部包销</td><td></td></tr>
<tr><td>意方
（委托方）</td><td></td><td></td><td></td><td>进料加工复出口业务，
无须考虑进料质量</td></tr>
</table>

课堂练习

一 问一问

◆ 以第三者的身份回答下列问题：

1. 安娜与日商主要商谈了哪几个问题？
2. 肖经理为什么不同意日方全部包销他们的产品？
3. 安娜抱怨自己运气不好时是怎么说的？
4. 上个月进口的皮料出了什么差错？
5. 课文中画线的句子分别可以在什么情况下使用？

二 说一说

◆ 如何以劝说或抱怨方式向对方说明自己的看法？例如：

1. 真倒霉，这回又没戏啦。
2. 干吗说变就变哪，经理？
3. 别发牢骚啦，这也不是谁能决定的。
4. 真是的，早不决定，晚不决定，偏偏这时候决定。
5. 你说你，哪壶不开提哪壶。

三 分组表演

◆ 以劝说方式开始，向对方说明自己的看法：

提示句子：1. 别发牢骚啦，这也不是谁能决定的。你看，董事会已决定，要尽快建立新的销售渠道。

2. 前车之鉴，不能不防啊。经理，要是像上次那样，麻烦就大啦。你忘啦那次，交付成品时，对方说有质量问题，就是不打款。叫我说，得把好原料关。

3. 前车之鉴，不能不防啊。叫我说，得把好原料关。再说，以次充好，不仅边角料会超标，还会影响到成品的质量。这样吧，跟厂长汇报一下。你说呢？

◆ 以抱怨方式开始，向对方说明自己的看法：

提示句子：1. 真倒霉，这回又没戏啦，还得我去唱白脸儿。经理，意商说，这笔交易是进料加工复出口业务。按进料加工，无须考虑进料的质量。你说怎么办？眼下正等米下锅呢。

2. 你看你，哪壶不开提哪壶。这也不是谁能决定的。意商说，按进料加工，无须考虑进料的质量。你说怎么办？等米下锅呢。
3. 干吗说变就变哪，经理？真是的，早不决定，晚不决定，偏偏这时候决定。您看，日方提出，成品由他们全部包销。让我说，老客户，明年再改吧。

◆ 向上司汇报某方面情况，说明目前的困境：

提示句子：经理，上个月进口的皮料出了点儿岔子。经海关检验，5% 的皮面有残次。已经通知意大利的出口商了。对方说，这笔交易是进料加工复出口业务。按进料加工，无须考虑进料的质量。经理，你说怎么办？等米下锅呢。

◆ 如果你对某事或某人不满，以抱怨或埋怨方式说明自己的想法：

提示词语：……，早不……，晚不……，偏偏……　干吗说……就……啊

提示句子：1. 真是的，早不走，晚不走，偏偏这个时候走。
2. 真倒霉，早不说，晚不说，偏偏这时候说。
3. 你瞧你，早不来，晚不来，偏偏今天来。
4. 你看你，早不开会，晚不开会，偏偏明天开会。
5. 你说你，早不决定，晚不决定，偏偏出发前决定。
6. 怎么弄的？干吗说干就干哪？可真是个急性子。
7. 怎么这样？干吗说去就去呀？总得准备一下吧。

课后练习

练一练

▲ 用指定词语或结构说明你的看法或意见：

1. 抱怨或埋怨某事时，怎么表达？

______________________________（真倒霉）

2. 抱怨或埋怨某人时，怎么表达？

______________________________（你说你）

3. 劝说对方时，怎么表达？

______________________________（算了）

背景广角

1.“三来一补”与“加工贸易”有什么区别？

What is the difference between the “three plus one” and the “processing trade”?

答：通常所说的“三来一补”，指的是来料加工、来件装配、来样加工和补偿贸易。其中，来样加工属于一般出口贸易，不在加工贸易的范畴内。在“三来一补”中去掉来样加工，加上进料加工，就是“加工贸易”的主要内容了。

“Three plus one” usually refers to processing with customers’ materials, assembling with customers’ parts, processing with clients’ samples and compensation trade. It should be noted that among the above four, processing with clients’ samples is a general exporting trade, not included in processing trade, which is composed of the other three forms of processing plus processing with imported materials.

2. 什么是“进料加工”？

What is meant by “processing with imported materials”?

答：进料加工，是外商投资企业和内贸企业根据生产需要，进口原材料和零配件，加工为成品后销往国际市场，享有减免进口环节税和免除进出口许可证等方面的优惠。

It means that when foreign investment enterprises and internal trade enterprises manufacture finished products from imported raw materials and spare parts, they can enjoy a reduction of or an exemption from import linkage tax and be immune from import and export license.

3.“来料加工”与“进料加工”有什么区别？

How is “processing with provided materials” different from “processing with imported materials”?

答：二者主要有两点不同：一是原材料、零部件和产品的所有权不同。前者生产出来的产品所有权归外商所有，由外商支配。后者对原材料及加工产品拥有所有权，完全根据自己的意图对外销售。二是产品的销售方式不同。前者由外商负责把加工的产品运出加工国，自行销售。后者产品加工后由加工方自行负责销往国际市场。

They are different in two ways:

First, they are different in ownership of those raw materials, spare parts and products.

When processing with provided materials, the ownership of finished products is possessed and dominated by the foreign enterprise. However, when processing with imported materials, those raw materials and finished products are owned by the processing enterprise, which can be sold on its own terms.

Second, they are different in marketing procedures. When processing with provided materials, it's the foreign enterprise that should take charge of the sales and products' deliveries to foreign markets. Nevertheless, when processing with imported materials, it's the processing enterprise that is responsible for the sales and deliveries of their processed products to international markets.

4. 什么是"三 O"外包模式?

What is meant by the "3O" outsourcing modes?

答：OEM，即原始设备制造商，是指加工生产企业为一些品牌商品制造商生产贴上其持有的商标的指定产品，产品由品牌制造商收购。这些生产加工厂商就被称作 OEM，即"贴牌"。这种模式对经销商、品牌商品制造商来说，是将生产过程转给其他单位的生产外包。

ODM，即原始设计制造商，是指委托方委托设计生产方按照自己提出的技术要求设计生产，产品由委托方收购，委托方就称作 ODM。这种模式简单地说是设计外包。

OBM，即原始品牌制造商，是指某品牌的供应商，利用其原有的品牌声誉和控制市场渠道的能力，销售其他企业产品的经销企业。这种经销企业就叫 OBM，与 OEM 相对应。这种模式对于生产企业来说是销售外包。

It means OEM, ODM and OBM.

OEM is the abbreviation of Original Equipment Manufacturer. Processing enterprises manufacture the designated products and stick brands for some brand-manufacturers, who actually possess and purchase the finished products. Such kind of processing and manufacturing enterprises are called Original Equipment Manufacturer. In other words, OEM is a manufacturing outsourcing mode when dealers and brand manufacturers outsource their manufacturing processes to other enterprises.

ODM is the abbreviation of Original Design Manufacturer. The consigner entrusts its design and manufacture to the other party with its prescribed technology requirements. At the same time, the consigner, also called Original Design Manufacturer, should purchase the finished products. Simply put, ODM is actually a mode of design outsourcing.

OBM derives from Original Brand Manufacturer. Some trademark suppliers take advantage of their own brand reputation and their resources of distribution channels to make sales of products from other enterprises. Such marketing enterprises are called Original Brand Manufacturer, a counterpart to OEM. It is a mode of marketing outsourcing for the manufactures.

5. 什么是“微笑曲线”？

What does “Smiling Curve” mean?

答：20 世纪 90 年代初，时任台湾宏碁集团董事长的施振荣提出“微笑曲线”的概念，用一个开口向上的抛物线来描述个人电脑制造流程中各个环节的附加价值。由于曲线类似微笑的嘴型，因此被形象地称为“微笑曲线”。“微笑曲线”向我们揭示了一个现象：在抛物线的左侧（价值链上游），随着显示器、内存、CPU 以及配套软件等新技术研发的投入，产品附加价值逐渐上升；在抛物线的右侧（价值链下游），随着品牌运作、销售渠道的建立，附加价值逐渐上升；而作为劳动密集型的中间制造、装配环节，不但技术含量低、利润空间小，而且市场竞争激烈，容易被成本更低的同行所替代，因此成为整个价值链条中最不赚钱的部分。所谓“微笑曲线”，其实就是“附加价值曲线”，即通过品牌、行销渠道、运筹能力提升工艺、制造、规模的附加价值，也就是要通过向“微笑曲线”的两端渗透来创造更多的价值。后来“微笑曲线”理论被广泛用来阐释各行业中都存在的知识产权、品牌、服务等要素对产品价值的提升。

The concept of “Smiling Curve” was first proposed in the early 1990s by Stan Shih, who was Chairman of Acer, a well-known computer company in Taiwan. Shih used “Smiling Curve” to describe the PC (personal computer) industry, where higher values were added to the product at both ends of the manufacturing process than the middle part. Since the parabola looked like a smile, it’s thus known as the “Smiling Curve”. The curve illustrates that on the left part (i.e., upper stage of the value chain), more and more added value is created as investments (on PC display, memory, CPU, packaged software and other new technology R&D) grow; on the right part (i.e., lower stage of the value chain), more and more added value is created as trademark operations and sale channels are established; the middle part, which is the labor-intensive manufacturing and assembling, turns out to be the least possible for making profits, because its low technical requirement can invite fierce competitions and make it more liable for the enterprise to be the eliminated from the business by the counterparts with lower cost.

In conclusion, the “Smiling Curve” interprets the fluctuation of added value in PC industry. It suggests that enterprises should increase the added value of their technique, manufacturing and business scale by upgrading the trademark credit, sale channels and the ability of management and operation, as it is indicated by making the curve’s ends go higher to make bigger profit. Nowadays, the “Smiling Curve” theory is widely applied in various industries to interpret how product value is promoted by factors such as intellectual property, trademark influence, service quality, etc.

单元综合练习四

一 为加点的字选择正确的读音

1. 容（róng / yóng）
2. 谋（méi / móu）
3. 莫（mè / mò）
4. 残次（cì / cī）
5. 牢骚（shāo / sāo）
6. 皮面（miàn / miànr）
7. 渠道（qú / qí）
8. 辅料（fú / fǔ）
9. 扫兴（sǎo / shǎo）

二 根据句子内容，选择正确答案（在合适的选项前画√，可选多项）

1. A 方看中 B 方的产品，让 B 方生产，用 A 方商标。对 A 方来说，这叫________。

□ OEM　　□ OBM　　□ ODM

2. A 方自带技术，委托 B 方按要求设计生产，产品由 A 方收购，这叫________。

□ OEM　　□ OBM　　□ ODM

3. 对 B 方来说，只负责生产加工别人的产品，然后贴上别人的商标，这叫________。

□ OEM　　□ OBM　　□ ODM

4. 加工贸易主要有________等四种方式。

□来件装配　□来料加工　□进料加工　□来样加工　□补偿贸易

5. “三来一补”指的是________等四种方式。

□来件装配　□来料加工　□来样加工　□进料加工　□补偿贸易

三 为下列词语选择合适的解释

1. 过河拆桥（　　）
2. 鸡飞蛋打（　　）
3. 以次充好（　　）
4. 非你莫属（　　）
5. 等米下锅（　　）

A. 两头落空，一无所获。
B. 急需钱物做某事。
C. 谁也没有你合适。
D. 用差的充当好的。
E. 达到目的后把帮助过的人踢开。

四 用指定词语改述下列句子

1. 快说呀，总经理到底去哪儿啦？（卖关子）

____

2. 你看，这种得罪人的事总是让我去做。（唱白脸儿）

____

3. 这回知道了吧，他最会拆别人的台。（挖墙脚）

____

4. 出厂前，加工的成品一定要认真检测。（把关）

____

5. 要注意，在加工过程中千万不能出问题。（出岔子）

____

案例分析

【案情】

上海圣德制衣有限公司与美国G公司签订了一份来料加工服装的合同。按合同规定，今年2月至9月，G公司（委托方）分5批向圣德（加工方）免费提供服装面料和辅料。今年4月至11月，圣德向G公司分5批发运1万打T恤衫，工缴费的单价为50美元/打。成品的装运港为上海，运费由委托方承担，付款方式为对开信用证。此外，合同还规定，任何一方违反合同规定，除应赔偿对方的原料或生产误工损失外，还须一次性偿付对方制成品总价值的1/5款数。

合同签订后，美国G公司分批向圣德提供T恤衫的面料和辅料，圣德收到后及时安排生产。在第4批成品装运前，由于G公司临时要求改变成品包装，经其电话同意，圣德推迟成品供货的时间。第4批成品装运后，G公司以超过信用证有效期为由，不仅拒收货物，还拒开信用证。对此，双方当事人产生争议，经多次协商不能达成协议。依照合同仲裁条款规定，圣德提请仲裁委员会仲裁。

【要求】 从圣德的角度，以抱怨的方式说明圣德提出仲裁的理由。选用下列词语来说明：

想必…… 你看啊 真是的 算了

【问题】 圣德提出的仲裁要求可能包括哪些内容？

课上讨论

题目：根据“微笑曲线”，说明加工贸易企业应如何向前发展。

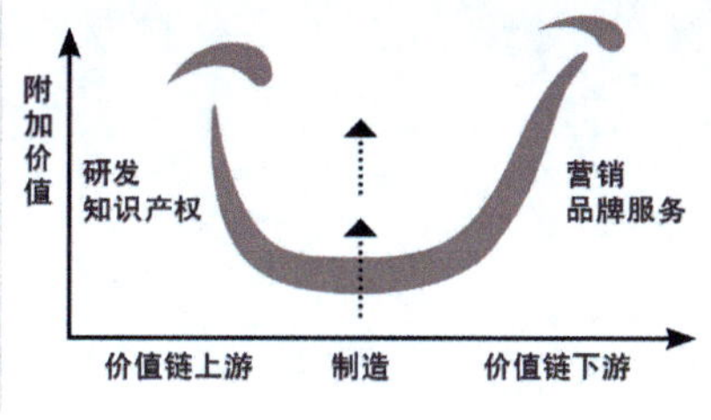

补充阅读

一、中国加工贸易的发展

改革开放后，中国发挥比较优势，主动参与国际产业分工与合作，大力发展加工贸易，取得了可喜的成绩。其主要作用有下列5点：一是促进国民经济持续增长。2006年，加工贸易出口占GDP的19%，顺差增量拉动GDP增长近1.5个百分点。二是成为中国参与国际分工的重要渠道。通过加工贸易的深加工结转方式为跨国公司进行配套生产，使用外方提供的技术、营销渠道实现"借船出海"。三是对优化出口结构起到重要作用。从以初级产品为主向制成品为主的出口结构转变。四是促进中国产业结构升级。从总体上看，中国加工贸易企业的技术和环保水平均高于同行业平均水平。五是扩大劳动就业，维护社会稳定。

目前，中国不少加工贸易企业已由OEM（贴牌加工）向ODM（委托设计加工）、OBM（品牌营销）转型，技术含量不断提升，有些产品在国际市场上已小有名气，如美的、格兰仕、科龙、万家乐等知名品牌。上述品牌产品，有60%以上是ODM产品，初步完成从OEM向ODM的转变。但不可否认的是，从"制造"走向"创造"还需要一段路程。

二、经营之道

20世纪80年代中期，三个年轻人一块外出打工。在一个山区，他们发现当地有一种又红又大、味道香甜的苹果。由于那儿的信息少，交通不便，苹果卖价非常便宜。第一个年轻人决定购买10吨最好的苹果，运回家乡，以高于原价的两倍出售。就这样，他成了家乡的第一个万元户。第二个年轻人用了一半的钱，购买了100棵最好的苹果苗，运回家乡，并承包了一片山坡，把苹果苗栽种上，头三年没挣到一分钱。第三个年轻人找到了果园的主人，用一元钱买走了一把种苹果树的泥土。然后把它送到农科所，进行化验分析后承包了一片荒山。他用了3年的时间，培育出和那把泥土一样的土壤，然后才栽种了苹果树苗。

10年过去了，那三个年轻人的生活发生了不同的变化。第一个年轻人还在忙着销售苹果，但由于竞争对手多，销售利润一年不如一年。第二个年轻人早就拥有了自己的果园，但因土壤不同，长出的苹果也没有那么好吃。第三个年轻人种植的苹果果大味美，和原产地的苹果不相上下，每年秋天引来无数的购买者。

【思考题】

1. 以抱怨方式说明哪个年轻人的做法不合理。

2. 如果是你面对这一情况，你会如何把握苹果的商机？

> 只有技术研发才是企业的出路，没有技术，永远受制于人。

5 重新洗牌

交际任务：调整经营方式

一、讨论在华的经营方式
二、讨论在华的合作方式
三、讨论在华的合作伙伴

话题背景

加入 WTO 后，中国投资环境不断改善，外商来华投资呈多元化发展趋势。从投资地区上看，主要集中在沿海地区，并逐步向内地延伸，即从珠三角向长三角扩展。同时以京津地区为中心的环渤海湾经济圈、东北老工业基地以及大型国有企业集中的中西部省会城市，也被外商看好。从投资产业上看，跨国公司已从单项投资逐步转向产业链投资：既投资下游的最终产品，也投资上、中游的原材料、零部件产品；既投资生产性项目，也投资包装、保险、运输等相关的服务业。从投资类型上看，外商已从合资、合作转向独资或合资控股，从新建投资转向并购投资。上述情况表明，这样有利于减少投资成本，降低经营风险，提高整体竞争力。

Participation in WTO makes China a more open and more attractive market for foreign investments. These foreign investments tend to develop in diversified forms. As to investment areas, most foreign investments, once clustered in coastal regions, have gradually expanded to inland regions. To be specific, foreign investments in Pearl River Delta are being diffused to Yangtze River Delta. Such areas as the economic community of coastal areas around the Bohai Bay (centered around Beijing and Tianjin), old industrial bases in Northeast and provincial capital cites in Mid-west (clustered with many large-scale state-owned enterprises) promise to attract more foreign investments. As to favorite investment industries, most multinational corporations have started orientating their investments from the previous individual investments to the current industry chain investments. They invest much not only in ultimate products in downriver industry chains, but also in raw materials and spare parts in the upper-and-middle-reaches chains as well. Investments have been made not just in producing programs, but also in service industries such as packing, insurance and transportation, etc. Investments have also been transferred in various ways: from sino-foreign joint ventures or sino-foreign cooperatives to sole foreign-funded enterprises, or joint capital and holding companies, from newly approved programs to merger and acquisition. Such transformations tend to reduce investment costs and operation risks, and to strengthen their overall competitiveness.

关键词语

来华投资： 经营风险 (jīngyíngfēngxiǎn)　合资 (hézī)　独资 (dúzī)　收购 (shōugòu)　兼并 (jiānbìng)　控股 (kònggǔ)　股比 (gǔbǐ)　规划 (guīhuà)　产业链 (chǎnyèliàn)　差异性 (chāyìxìng)

照这么说 (zhào zhème shuō)　如此说来 (rúcǐ shuō lái)　这么一来 (zhème yìlái)　叫我说啊 (jiào wǒ shuō a)　这么说 (zhème shuō)　断言 (duànyán)　判断 (pànduàn)

1 经营方式

词语准备

1 词语跟读

1	控股	kòng//gǔ	（动）	hold a controlling number of the shares 各方控股的比例需要协商来决定。
2	赔不是	péi búshi		apologize 别生气啦，我代他向你赔个不是。
3	力度	lìdù	（名）	strength 公司准备在东南亚加大投资力度。
4	制约	zhìyuē	（动）	restrict 制约企业发展的主要因素是管理不善。
5	依赖	yīlài	（动）	rely on; be dependent on 这件事你自己去做，不要依赖别人。
6	收购	shōugòu	（动）	purchase; buy 宏昌集团以收购方式来华投资。
7	加盟	jiāméng	（动）	join; become a member of an alliance or a union 要是有新成员加盟，问题就好办了。
8	断言	duànyán	（动）	say with certainty; assert categorically; affirm; declare 我敢断言，这种做法行不通。
9	财团	cáituán	（名）	financial group; consortium 没有财团资助，很难扩大投资范围。
10	董事会	dǒngshìhuì	（名）	board of directors 听说董事会召开后才能知道结果。

2 熟语学习

1. 不谋而合 bùmóu'érhé have the same idea by coincidence; happen to agree completely; an undesigned coincidence

成语。意思是没有事先商量，而彼此的见解或行动一样，表示庆幸或高兴。例如：

① 这可真是不谋而合啊，双方都有此意。

② 哦？你们也这样认为，真是不谋而合啊。

2. 心有灵犀一点通 xīn yǒu língxī yì diǎn tōng Hearts which beat in unison are linked.

俗语。出自唐代诗人李商隐的诗。古代传说，犀牛角有白纹，感应灵敏，所以称犀牛角为"灵犀"。用来比喻心领神会或感情相同等。常表示认可或同意某种说法。例如：

A：我敢断言，要是改变合作方式，董事会极有可能不批准。

B：照你这么说，按原计划进行，就没有问题，是吗？

A：这可真是心有灵犀一点通，王经理果然是聪明人。

3. 议事日程 yìshì rìchéng agenda

固定词语。按日排定的行事程序，表示某项事务被列入行事程序进行商讨、调研等。例如：

① 这次促销活动已提上议事日程，要尽快安排。

② 此项工作已列入议事日程，不能再推延了。

情景会话

【人物】范文刚：R 灯具有限责任公司中方总经理

野　村：R 灯具有限责任公司日方负责人

【场景】十年前，中日合资兴办 R 灯具有限责任公司，由中方控股，双方分别占投资股比的 60% 和 40%。在德胜酒楼的单间，日方代表野村先生在等谁呢？

范文刚：看我，约你，倒让你等我，对不起呀。（以自我抱怨方式表示歉意）

野　村：你看，见外了吧，范总。

范文刚：来，喝杯酒，算我赔个不是。

野 村：来来，各罚一杯。

范文刚：（笑了）哦，这话怎讲？

野 村：（笑着）该罚的是我，不该来这么早。

范文刚：（笑着）够朋友。来，为我们的友好合作干杯！ 表示祝愿

野 村：干杯！我听说，下个月总部要派人来考察。

范文刚：你是说，合资期满后，会有新的变化？

野 村：听说要加大投资力度，准备以新的方式合作。

范文刚：哦，这可真是不谋而合。

野 村：据说，要提高投资股比的份额。

范文刚：照这么说，贵方希望控股？ 根据对方的谈论做出推断

野 村：好像没这么简单。

范文刚：不管怎样，降低生产成本，这是关键。

野 村：可不，这是制约企业发展的瓶颈啊。

范文刚：通过调查，我们发现灯具价格高于同类产品的一半。

野 村：让我看啊，主要是上游产品长期依赖进口。 通过分析做出推断

范文刚：对，说到点儿上啦。

野 村：依我看，只有通过收购（Acquisition）或兼并上游企业才能解决问题。

范文刚：如此说来，总部是打算并购上游企业，对吧？

野 村：哦，真是心有灵犀一点通啊。

范文刚：哪里，哪里，英雄所见略同嘛。 表示与对方看法一致

野 村：看来，范总早有考虑，说说你的想法。

范文刚：我想啊，最好收购那家与我们有业务关系的零部件厂。

野 村：对。从长远发展看，有利于分散企业的经营风险。

范文刚：可不。你看，再兼并（Merger）一家玻璃制品厂。

野 村：对，二者缺一不可。

范文刚：这么一来，既可形成产业链，又能降低生产成本。

野 村：有道理。这就是鸡蛋和篮子的关系嘛。

范文刚：还有个问题：资金和技术从哪儿来？

野 村：叫我说啊，邀请新的伙伴加盟，就没问题啦。

范文刚：这倒是个思路。我敢断言，肯定有人感兴趣。 根据情况做出推断

野 村：听说，在日本有两家财团有意投资，下个月来华考察。

范文刚：哦，这可是天意。

野 村：谋事在人，成事在天嘛。

范文刚：我敢说，这个方案是可行的。 根据情况做出推断

野　村：范总，如果董事会通过了，就可以列入议事日程。

范文刚：是啊，我向董事长汇报后再说。

野　村：你看，在日本财团来之前，最好有个初步规划。

范文刚：回头再细说。来，喝酒。

野　村：好，为我们新的合作干杯！ 表示祝愿

范文刚：干杯！

情景会话要点

<table>
<tr><th>人物关系</th><th>合资
（投资股比）</th><th colspan="3">双方继续合作的初步方案</th><th>表达方式</th></tr>
<tr><td rowspan="2">中方
（范文刚）</td><td rowspan="2">60%
（控股）</td><td>收购</td><td>零配件厂</td><td rowspan="2">上游企业</td><td rowspan="4">照这么说
让我看啊
如此说来
这么一来
我敢断言</td></tr>
<tr><td>兼并</td><td>玻璃制品厂</td></tr>
<tr><td rowspan="2">日方
（野村）</td><td rowspan="2">40%</td><td>合资
（控股）</td><td>R 灯具厂</td><td>下游企业</td></tr>
<tr><td>资金／技术</td><td>新伙伴加盟</td><td>新伙伴加盟</td></tr>
</table>

课堂练习

一　问一问

◆ 以第三者的身份回答下列问题：

1. 合资期满后，日方在华的投资有哪些变化？
2. 范总认为，如何扭转企业所面临的困境？
3. 要是并购上游企业，如何解决资金和技术问题？

4. 野村说“二者缺一不可”，是什么意思？
5. 日本总部派人来华与日本财团来华考察，目的一样吗？

二 说一说

◆ 如何以推断或推论方式对某种情况进行分析？例如：

1. 照这么说，贵方希望控股？
2. 让我看啊，主要是上游产品长期依赖进口。
3. 如此说来，总部是打算并购上游企业，对吧？
4. 这么一来，既可形成产业链，又能降低生产成本。
5. 我敢说，这个方案是可行的。

三 分组表演

◆ 以推论方式分析企业面临的困境，并向对方提出你的建议：

提示词语：让我看啊　我敢断言　这么一来　我想啊　叫我说啊　我敢说

提示句子：
1. 让我看啊，是上游产品长期依赖进口。只有通过收购或兼并上游企业，才能解决问题。
2. 通过调查，我们发现灯具价格高于同类产品的一半。原因主要是上游产品长期依赖进口。我敢断言，这是制约企业发展的瓶颈。
3. 叫我说啊，降低生产成本，这是关键。只有并购上游企业，才能解决问题。你看，这么一来，既可形成产业链，又能降低生产成本。
4. 我想啊，最好收购那家与我们有业务关系的零部件厂，再兼并一家玻璃制品厂。我认为，二者缺一不可。
5. 叫我说啊，邀请新的伙伴加盟，资金和技术就不成问题啦。我敢说，这个方案是可行的。
6. 俗话说：“谋事在人，成事在天。”让我看啊，邀请新的伙伴加盟，就不成问题啦。我敢断言，肯定有人感兴趣。

◆ 以推论方式向对方说明你方的新规划：

提示词语：叫我说啊　我敢说

提示句子：
1. 叫我说啊，合资期满后，会有新的变化。也就是说，加大投资力度，准备以新的方式合作。
2. 叫我说啊，提高投资股比的份额，同时并购上游企业。我敢说，这个方案是可行的。

课后练习

练一练

▲ 用指定词语或结构说明你的看法或意见：

1. 对方询问中国中西部地区的投资环境，你如何说明自己的推断？

______________________________（如此说来）

2. 公司缺少专业管理人员，你如何以推论方式说明自己的建议？

______________________________（我敢断言）

3. 你认为并购上游企业才能降低生产成本，如何说明自己的看法？

______________________________（叫我说）

2 合作方式

词语准备

1 词语跟读

1	民营	mínyíng	（形）	privately-owned 这是一家民营企业，专门生产玩具。
2	破费	pòfèi	（动）	spend money; go to some expense 谢谢，谢谢，又让您破费啦。
3	搭桥	dā//qiáo	（动）	act as a matchmaker 我给你们搭个桥，其他的事你们自己谈。
4	概率	gàilǜ	（名）	probability; chance 你认为，成功的概率有多少？
5	看重	kànzhòng	（动）	think highly of; regard ... as important; value; set store by 钱是身外之物，我看重的是朋友的情谊。
6	热衷于	rèzhōngyú		be fond of; be keen on 他现在热衷于网络游戏的开发。
7	不妨	bùfáng	（副）	there is no harm in; it would be well if...; might as well 这类项目虽说没做过，但不妨试试。
8	寻求	xúnqiú	（动）	seek; explore 他投资旅游业是为了寻求企业新的发展。
9	机遇	jīyù	（名）	favorable circumstances; opportunity 还犹豫什么？多难得的机遇呀。
10	上策	shàngcè	（名）	the best plan; the best way out; the best thing to do; the best policy; first choice 叫我说，还是先找他谈谈吧，这是上策。

熟语学习

1. 爱莫能助　àimònéngzhù　willing to help but unable to do so

成语。意思与"力不从心"相近，表示心里愿意帮助或想做，但能力或力量不够。例如：

① 不是我不想帮你，是爱莫能助啊。

② 我也理解你的处境，可我也是爱莫能助啊。

2. 八九不离十　bā jiǔ bù lí shí　pretty close

俗语。"差不多"的意思，常表示估计、推断等。例如：

① 好，八九不离十啦，再算算，肯定能算对。

② 接着说，八九不离十啦。

3. 何乐而不为　hé lè ér bù wéi　why not go ahead with it; only too glad to do it

固定词语。意思是这样对谁都好或都有利，干吗不做呢？常用于提示或劝说他人。例如：

① 这件事对双方都有利，何乐而不为呢？

② 多赞美别人，不用花钱，就能让别人快乐，何乐而不为呢？

情景会话

【人物】席小海：汽车零配件厂厂长
朴大雄：韩国商人
金先生：韩国合作方负责人

【场景】在三元酒家的包间内，韩商回请民营汽车零配件厂的席厂长。

席小海：按说，这回该我请，又让你破费啦。

朴大雄：老朋友嘛，干吗这么见外？

席小海：话是这么说，要不是你，我怎么会认识金先生？

朴大雄：嗐，搭个桥。要是贵方没有实力，我也是爱莫能助。

席小海：这个，现在还说不准。

朴大雄：哦，不顺利吗？
席小海：接触过几次，叫我看，希望不大。
朴大雄：不大？为什么？
席小海：开始还行，对投资比例和出资方式都交换了意见。
朴大雄：这么说，还是有希望。
席小海：不知为什么，觉得双方的目的不同。
朴大雄：照你这么说，成功的概率不大？
（根据对方的谈论做出推论）
席小海：好像是，直觉是这样。
朴大雄：那分歧在哪儿呢？
席小海：怎么说呢？朴先生，你来华投资二十多年了。
朴大雄：可不，时间过得真快。
席小海：我想，有些事也许你比我看得准。
朴大雄：我不明白，你要说什么？
席小海：我说的是假如，假如现在来华投资，你更看重哪种方式？
朴大雄：说实话，现在投资环境越来越好，当然倾向于独资。
席小海：要是资本雄厚的跨国公司呢？
朴大雄：可能更热衷于收购或兼并方式。
席小海：好啦，我要说的，你该明白啦。
朴大雄：这么说，在合作方式上有分歧。
席小海：我不认为是分歧，准确地说，是各有所需。
朴大雄：从你说的来判断，好像对方另有打算。
（根据对方的谈论做出推论）
席小海：对呀，凭我的直觉，八九不离十。
朴大雄：要是这样，我倒有个想法。
席小海：哦？不妨说说。
朴大雄：你看，双方都在寻求新的发展机遇，过于坚持某种形式，也不见得是上策。
席小海：你的意思是？
朴大雄：如果接受兼并的条件，对双方都有利，何乐而不为呢？
席小海：哦，明白，我明白你的意思。
朴大雄：不说啦，不说啦，菜齐了。来，先干一杯。
席小海：好，来，为新的发展机遇，干杯！（表示祝愿）
朴大雄：干杯！叫我说，机不可失，时不再来呀。
席小海：明白，我明白你的意思。

情景会话要点

人物关系	合作意向	双方的分歧	表达方式
席厂长（中方代表）	投资比例，出资方式	采取合资方式	话是这么说 叫我看 这么说 照你这么说 凭我的直觉
朴大雄（中间人）	双方寻求新的发展机遇	倾向于独资、收购或兼并	
金先生（韩方代表）	物色新的合作伙伴	以兼并方式合作	

课堂练习

一 问一问

◆ 以第三者的身份回答下列问题：

1. 朴先生为什么请席厂长吃饭？
2. 朴先生说，“只是搭个桥”，“搭桥”是什么意思？
3. 席厂长与金先生见面后，都谈了哪些问题？
4. 席厂长为什么认为双方的目的不同呢？
5. 朴先生是怎么分析双方的需要的？

二 说一说

◆ 如何以推断或推论方式对某事进行解释说明？例如：

1. 按说，这回该我请，又让你破费啦。
2. 话是这么说，要不是你，我怎么会认识金先生？
3. 照你这么说，成功的概率不大？
4. 从你说的来判断，好像对方另有打算。
5. 对呀，凭我的直觉，八九不离十。

三 分组表演

◆ 根据某方面情况，以推论方式说明自己的看法：

提示词语：按说　怎么说呢　不知为什么　照你这么说　从……判断　凭

提示句子：1. 要不是你，我怎么会认识金先生？按说，这回该我请，又让你破费啦。

2. 怎么说呢？现在还说不准。开始还行，对投资比例和出资方式都交换了意见。不知为什么，我觉得双方的目的不同。

3. 照你这么说，成功的概率不大。从你说的来判断，好像对方另有打算。凭我的直觉，八九不离十。

◆ 根据某方面情况，以推论方式说明自己的看法：

提示词语：要是……，也……　我说的是……　倾向于　要是这样　何乐而不为

提示句子：1. 嗐，只是搭个桥。要是贵方没有实力，我也是爱莫能助。

2. 我说的是假如，假如现在来华投资，我更倾向于独资。要是资本雄厚的话，当然更希望收购或兼并方式。

3. 要是这样，我倒有个想法。你看，双方都在寻求新的发展机遇，过于坚持某种形式，也不见得是上策。如果接受兼并的条件，对双方都有利，何乐而不为呢？

课后练习

练一练

▲ 用指定词语或结构说明你的看法或意见：

1. 你认为对方说的事很难成功，如何说明自己的判断？

______________________________（照你这么说）

2. 根据对方介绍的情况，你认为他人另有打算，如何说明自己的判断？

______________________________（从……判断）

3. 你同意对方的说法，认为很难成功，如何说明自己的判断？

______________________________（凭）

3 合作伙伴

词语准备

1 词语跟读

1	私下	sīxià	（名）	in private; in secret; privately 这种事只能私下谈，会上不好说。
2	联手	liánshǒu	（动）	join hands 希望与T公司联手，来华兴办独资企业。
3	灵通	língtōng	（形）	well-informed; having quick access to information 会议刚结束你就知道了，消息好灵通啊。
4	容量	róngliàng	（名）	volume; capacity 根据产品的市场容量，决定投资的规模。
5	慕名	mùmíng	（动）	out of admiration for a famous person 我们对您是慕名已久啊，今天特意登门拜访。

专名

1	寿田会社	Shòutián Huìshè	［公司名］	name of a Japanese company （日本一公司名）
2	长三角	Cháng-Sānjiǎo	［地区名］	Yangtze River Delta （指长江三角洲地区）

2 熟语学习

1. 水到渠成　shuǐdào-qúchéng　Success will come when conditions are ripe.

成语。表示水流到的地方自然成渠。比喻条件成熟，事情自然成功。例如：

① 别这么着急，顺其自然，水到渠成嘛。

② 这事急不得，还没到时候，水到渠成嘛。

2. **机不可失，时不再来**　jī bù kě shī，shí bú zài lái　do it now or never; opportunity seldom knocks twice

成语。意思是要及时抓住机会，千万不能错过。与俗语“过了这村，就没这店”的意思相同，常用来提醒对方。例如：

A：我看还是等等，现在决定不了。

B：别再犹豫啦，机不可失，时不再来呀。

3. **无风不起浪**　wú fēng bù qǐ làng　Where there is smoke, there is fire.

俗语。比喻事情的发生总有原因。或者说“事出有因”。表示不相信毫无原因。例如：

A：你说，他们能联手去日本投资吗？

B：难说，不过无风不起浪啊。

4. **纸上谈兵**　zhǐshàng-tánbīng　be an armchair strategist; engage in idle theorizing

成语。比喻不联系实际，只会空发议论。本课中指只是谈论合作，不做决定。例如：

① 这人就会纸上谈兵，到关键时刻就不行了。

② 纸上谈兵是没有用的，应该去实践一下。

情景会话

【人物】江　涛：中方厂长

施罗特：法国商人

【场景】在咖啡厅的一角，施罗特正与江厂长谈着什么。他们为什么私下会面呢？

江　涛：我看，这种会面方式，不宜太长。

施罗特：为慎重起见，最好再保密一段时间。

江　涛：这我理解，水到渠成嘛。

施罗特：江厂长，听说，贵方与日本的寿田会社接触过。

江　涛：哦，是我们的老客户。

施罗特：我听说，他们对来华投资也感兴趣。

江　涛：不只是听说吧，好像是要联手，对吧？
施罗特：无论怎样，现在都是个未知数。
江　涛：如此说来，确有此事。
施罗特：照这么看来，贵方倒希望我们联手啦。
江　涛：可以这么说，机不可失，时不再来嘛。
施罗特：你是说，希望尽快有个结果。
江　涛：是啊，总这样举棋不定，也不行啊。
施罗特：这话怎讲？
江　涛：听朋友说，这段时间，贵方接触了几家中资企业。
施罗特：哦？消息蛮灵通的嘛。
江　涛：怎么说呢？无风不起浪嘛。
施罗特：哦，由此可见，贵方对我们有些误解。
江　涛：不不，不，我理解，好事多磨嘛。
施罗特：误会啦，我们也希望早日画上圆满的句号。
江　涛：依我看啊，这需要双方的努力。
施罗特：直说了吧，我们准备考察产品的销售市场。
江　涛：关于这方面，我们已做了一份调查报告。
施罗特：太好啦，真是不谋而合啊。
江　涛：你看，主要是对产品的差异性和市场容量进行了调查。
施罗特：叫我说，对竞争对手的服务方式和销售渠道也要有所了解。
江　涛：是的，这份报告基本都包括了。
施罗特：看来，你是有备而来呀。
江　涛：哪里，哪里，你电话里说过。
施罗特：这样吧，我先看看，回头再谈。
江　涛：可以。说句不客气的话，在长三角地区，我厂也是小有名气的。
施罗特：正是这样，我们才慕名而来嘛。
江　涛：说老实话，我们希望以合资的方式与贵方合作。
施罗特：照这个说法，是不同意收购啦？
江　涛：至少目前是这样。
施罗特：从长远的发展看，灵活些，比较好。
江　涛：恕我直言，要是贵方还是举棋不定，我们可不能等得太久。
施罗特：江厂长，我是专程来拜访你，难道还没诚意吗？
江　涛：我只说一句话：纸上谈兵，是不会有结果的。
施罗特：好，我明白。下个月初，肯定给你回复。
江　涛：那好，等你的好消息。

根据情况做出推断

根据对方说法做出推论

以推断方式确认对方的意见

情景会话要点

人物关系	合作方式	合作对象	市场调研	表达方式
江涛（厂长）	合资方式	与寿田会社合作； 与法方合作； 物色新的合作伙伴	调查报告： 产品的差异性、市场容量等	如此说来 照这么看来 由此可见 照这个说法 恕我直言
施罗特（法方代表）	收购方式	与寿田会社联手； 与江厂长合作； 与其他中资企业合作	考察产品的销售市场、竞争对手的服务方式和销售渠道	

课堂练习

一　问一问

◆ 以第三者的身份回答下列问题：

1. 双方私下会面，为什么法方希望保密？
2. 江厂长为什么推论法方还在举棋不定？
3. 法方希望考察产品销售市场的哪方面情况？
4. 双方希望以什么方式合作？
5. 法方为什么说“慕名而来”呢？

二　说一说

◆ 如何以推断或推论方式对某事进行分析说明？例如：

1. 江厂长，听说，贵方与日本的寿田会社接触过。
2. 不只是听说吧，好像是要联手，对吧？
3. 照这么看来，贵方倒希望我们联手啦。
4. 哦，由此可见，贵方对我们有些误解。
5. 照这个说法，是不同意收购啦？

三 分组表演

◆ 就与法方合作一事，向对方说明你的看法：

提示词语：怎么说呢　照这么看来　无论怎样　叫我说

提示句子：1. 怎么说呢？刘总，无风不起浪嘛。听朋友说，这段时间，法方接触了几家中资企业。照这么看来，法方一直举棋不定，这里面一定有文章，我们得做好两手准备。

2. 怎么说呢？无风不起浪嘛。听说，法方与日本的寿田会社接触过，日方对来华投资也有兴趣。无论怎样，现在都是个未知数。叫我说，机不可失，时不再来呀。

◆ 就与中方合作一事，向对方解释说明：

提示词语：由此可见　让我看啊　无论怎样

提示句子：1. 哦，消息蛮灵通的嘛。由此可见，贵方 / 中方对我们有些误解。没错，这段时间，我们接触了几家中资企业。让我看啊，能否联手，这需要双方的努力。无论怎样，现在都是个未知数。我们希望早日画上圆满的句号。

2. 哦，由此可见，贵方 / 中方对我们有些误解。这我理解，好事多磨嘛。让我看啊，这需要双方的努力。我们希望早日画上圆满的句号。

◆ 向对方说明产品市场的调查情况：

提示词语：直说了吧

提示句子：直说了吧，对产品的差异性和市场容量都进行了调查。再有，对主要竞争对手的服务方式和销售渠道也有所了解。你看，这份报告基本都包括啦。

课后练习

练一练

▲ 用指定词语或结构说明你的看法或意见：

1. 对方不急于表态，可能另做打算，你如何试探对方的想法？

______________________________（照这么看来）

2. 对方没有直接说明以收购方式继续合作，你如何试探对方的想法？

______________________________（由此可见）

3. 对方没有明确表示合作的方式，你如何试探对方的想法？

______________________________（照这个说法）

背景广角

1. 什么是“国际直接投资”？其主要形式有哪几种？

What is meant by “International Direct Investment”?

答：国际直接投资也称对外直接投资，是指一国的投资者将其所拥有的生产要素用于他国的生产经营，并拥有企业有效控制权的投资。其主要形式包括合资、合作、独资或合作开发等，同时也包括收购、合并或兼并东道国的企业。

“International Direct Investment”, also called Foreign Direct Investment (FDI), refers to the investment of investors from country A who, with their production elements, participate in enterprise operations in country B, and possess effective and sufficient controlling right over the enterprise. Its main forms are sino-foreign joint ventures, sino-foreign cooperatives, wholly foreign owned enterprises, and cooperative development, as well as companies in the host nation possessed by foreign investors through acquisition, consolidation or merger.

2. 什么是“国际收购”？其收购方式分为几种？

What is “international acquisition”? What are the forms of international acquisition?

答：国际收购是指外国投资者通过一定的程序和渠道依法取得东道国某企业部分或全部所有权的行为。其收购方式分三种：一是直接收购。由收购公司与目标公司通过磋商签订协议，进行所有权的全部或部分转移。二是间接收购。由收购公司在市场上收购目标公司的具有表决权的普通股，以达到控制目标公司的行为。三是杠杆收购。由收购公司通过向银行贷款或在市场上融资进行收购。其特点是，收购公司无须投入全部收购资本即可进行收购。

International acquisition means that foreign investors legally acquire partial or all ownership of a certain enterprise of the host nation, through established processes and channels.

There are mainly three forms of international acquisition:

First, direct acquisition when a foreign enterprise acquires a target enterprise by signing an agreement between the two parties after their negotiations to transfer partial or complete ownership.

Second, indirect acquisition when a foreign enterprise acquires a target enterprise by purchasing in the market the latter’s ordinary shares with voting rights, for the purpose of ultimately taking control of it.

Third, leverage acquisition when a foreign enterprise acquires a target enterprise by borrowing from the bank or by financing in the market. The former doesn’t need to put in the whole sum for the acquisition of the latter.

3. “企业合并”与“企业兼并”有何区别？

How is “consolidation” different from “merger”?

答：合并是指两个独立的公司同意通过发行新的股票组成一个新的扩大了的公司。兼并是以兼并公司为主导，并以其公司的名义发行新的股票，而将被兼并的公司纳入其名下以扩大兼并公司的规模。

“Consolidation” means two independent enterprises agree to incorporate a new and expanded enterprise by subscribing to shares of a new issue. “Merger” means the acquirer holds the leading position and subscribes to shares of a new issue in its own name, while the target enterprise becomes part of the acquirer, and the acquirer has its scale increased.

4. 根据中国法律的规定，合营企业各方以什么作为出资方式？外商若以实物出资，如何防止损害中方利益？

According to the laws of China, how can different parties to a joint venture make their investments? How could we protect China’s interests if foreign enterprises invest in kind?

答：根据中国法律的规定，合营企业各方的出资方式，主要有货币、实物、土地使用权以及工业产权和专有技术。其中，实物出资主要是指建筑物、厂房、机器设备和其他物料。为了防止外商以实物出资来出售二手设备，或作价过高损害中方利益，《中外合资经营企业法》第5条规定，合营企业各方可以现金、实物、工业产权等进行投资，但作为投资的技术和设备，必须确实是中国需要的先进技术和设备。如果有意以落后的技术和设备进行欺骗造成损失的，应赔偿损失。《中外合资经营企业法实施条例》第27条规定，外国合营者作为出资的机器设备必须符合下列各项条件：（1）为合营企业生产所必不可少的；（2）中国不能生产，或虽能生产，但价格过高或在技术性能和供应时间上不能保证需要的；（3）作价不得高于同类机器设备或其他物料当时的国际市场价格。该实施条例的第30条还规定，外国合营者作为出资的机器设备，应经中国合营者的主管部门审查同意，报审批机构批准。同时，作价出资的机器设备运抵中国口岸时，应当报请中国商检机构进行检验，由该机构出具检验报告。

According to the laws of China, the parties to the venture may make their investments in cash, in kind, in land property, in industrial property rights, or in technological know-how, etc. Investment in kind covers buildings, workshops, machines and other materials. In order to prevent foreign enterprises from violating the interest of China, when they invest in kind (by selling second-hand equipments or fixing an exorbitant price), Article 5 of the *Law of the People’s Republic of China on Chinese-Foreign Joint Ventures* requires: The parties to an equity joint venture may make their investments in cash, in kind or in industrial property rights, etc. The technology and equipment contributed by a foreign joint venturer as its investment must be really advanced technology and equipment that suit China's needs. In case of losses caused by a foreign joint venturer in its practicing deception through the intentional provision of outdated technology and equipment, it shall compensate for the losses. According to Article 27 of the *Regulations for the Implementation of the Law of the People's Republic of China on Chinese-Foreign Equity Joint Ventures*, the machinery, equipment and other materials contributed as investment by the foreign joint venturer shall meet the following conditions: (1) they are indispensable to the production of the joint venture; (2) China is unable to manufacture them, or can manufacture them only at too high a price, or their technical performance and time of availability cannot meet the requirement; (3) the price fixed shall not be higher than the current international market price for similar equipment or materials.

According to Article 30 of the *Regulations*, the machinery, equipment or other materials, industrial property or proprietary technology contributed by the foreign joint venturer as investment shall be examined and approved by the department in charge of the Chinese joint venturer and then submitted to the examining and approving authorities for further approval when they are shipped to the ports of China.

单元综合练习五

一 为加点的字选择正确的读音

1. 瓶颈（jìng / jǐng）
2. 分歧（zhī / qí）
3. 接触（chù / chǔ）
4. 兼并（bìng / bìn）
5. 上策（cè / chè）
6. 不妨（fáng / fāng）
7. 调整（tiáo / diào）
8. 容量（róng / lóng）
9. 慕名（mú / mù）

二 根据句子内容，选择正确答案（在合适的选项前画√，可选多项）

1. 外商投资企业应包括____________________。

□契约式合作企业 □股权式合资企业 □独资经营企业 □外国企业

2. 投资的软环境主要是指____________________。

□自然资源 □政治稳定性 □法律制度 □社会文化

3. 投资的硬环境主要是指________________。

□经济政策 □交通 □通信 □能源 □自然资源

4. 长江三角洲地区主要包括________________等城市。

□苏州 □惠州 □南京 □上海 □杭州 □宁波

5. 珠江三角洲地区主要包括________________等城市。

□广州 □深圳 □珠海 □东莞 □温州 □汕头

三 为下列词语选择合适的解释

1. 水到渠成 (　　) A. 双方的看法相同。
2. 爱莫能助 (　　) B. 心有余而力不足。
3. 英雄所见略同 (　　) C. 计划做某事，能否成功不知道。
4. 机不可失，时不再来 (　　) D. 条件成熟，事情自然成功。
5. 谋事在人，成事在天 (　　) E. 遇事要果断，不要错过机会。

四 用指定词语或结构改述下列句子

1. 这么说，他迟迟不决定，是有其他原因。（如此说来）

____

2. 从交谈的情况看，这次合作可能不会有结果。（从……判断）

____

3. 希望这次合作能够圆满成功！（画上圆满的句号）

____

4. 不能马上拒绝对方的要求，否则就没有回旋余地了。（这么一来）

____

5. 让我看，再这么拖下去，也不是个办法。（照这么看来）

____

案例分析

【案情】

去年 12 月 4 日，在苏州经济开发区，中国华昌制药厂与法国 L 公司签订了一份合资经营 C 贸易公司的合同。该合同对合营企业的性质、法定地址、经营范围、注册资本、投资总额、组织机构、利润分配、劳动管理、税收及争议的解决方法等问题都一一做出了规定。根据合同规定，合营企业的投资总额为 9600 万美元，注册资本是 1200 万美元，其中，中方出资 550 万美元，法方出资 700 万美元。合营企业合同签订后，中方开始办理上报登记手续，10 个月后，L 公司将 650 万美元汇到华昌制药厂的账户。在审批过程中，发现合营企业的投资总额与注册资本的比例不符合法律的规定，要求合营双方追加注册资本的比例，并限期对合同及章程的有关条款进行修改。接到通知后，L 公司认为按合同规定已将注册资本投资到位，无须再追加资金。而中方当时由于资金紧张，短期内也无力筹集到所需资金。在此期间，双方也曾协商同意，以增加其他合营者的形式来解决注册资本不足的问题。但由于时间紧，找不到合适的人选，对合同及章程也无法进行修改。鉴于上述情况，C 贸易公司合营企业合同没有获得批准。

【要求】 C 贸易公司合营企业合同为什么没有获得批准？选用下列词语或结构来说明：

从……判断　这么一来　如此说来　断言　凭

课上讨论

题目：可口可乐收购汇源果汁一案已有结果（可上网查阅），对这一收购案，你是怎么看的？

补充阅读

一、中国区域经济划分

新中国成立后至1978年以前，中国实施的是区域均衡发展战略。根据中国自然资源与经济技术逆向、梯度分布的国情，从“一五计划”起，中国在内地进行大规模建设，其主要内容包括两个方面：一是平衡沿海与内地的工业布局；二是建立独立的地区工业体系和经济体系。1958年，成立了七大经济协作区，即华北区、东北区、华东区、中南区、西南区、西北区和华中区。1961年，又调整为华北、东北、华东、中南、西南和西北等六大经济协作区。在1970年编制的“四五计划”中，将全国划分为西南区、西北区、中原区、华南区、华北区、东北区、华东区、闽赣区、山东区、新疆区等十个经济协作区。改革开放后，经济协作区被撤销。

改革开放后，人们认识到，经济技术发展不平衡是正常的，经济技术梯度的形成是客观的，也是不可避免的。有梯度就有空间推移，应首先让有条件的高技术梯度地区引进、掌握先进技术，然后逐步向处于二级梯度、三级梯度的地区推移。由此，形成了区域经济非均衡战略。“六五”时划分为沿海和内陆地区。“七五”划分为东部、中部和西部等三大地带。“八五”时恢复到“六五”状态。“九五”在划分东部与中西部地区的同时，又划分了长江三角洲及长江沿江地区、环渤海地区、东南沿海地区、西南和华南部分省区、东北地区、中部五省、西北地区等七大经济区。“十五”计划又将全国分成东部、中部和西部地区。

在“十一五规划”中，将中国大陆划分为东部、中部、西部、东北四大板块，即八大综合经济区：东北综合经济区（黑、吉、辽）、北部沿海综合经济区（京、津、冀和山东）、东部沿海综合经济区（长三角）、南部沿海经济区（闽、粤、琼）、黄河中游综合经济区（陕西、山西、河南、内蒙古）、长江中游综合经济区（湘、鄂、赣和安徽）、大西南综合经济区（云、贵、川、渝和广西）及大西北综合经济区（甘肃、青海、宁夏、西藏、新疆）。

二、经营之道

提到芬兰，谁都知道它是一个森林与水资源丰富的国家，同时也会想到诺基亚品牌。但很少有人知道这一品牌的由来及其发展变化。据说，诺基亚公司的前身是一家细磨木浆工厂。1865年，创始人佛雷德里克·艾德斯坦是个年仅25岁的采矿工程师。在国外学习时，他就开始筹划开办这家工厂。在德国萨克森州，他熟悉了造纸业的一项新工序，即磨木浆技术，并取得了经营许可证。他把这项技术带回祖国的第一年，在丹比亚小镇建厂投产。几年后，艾德斯坦把工厂向西移了15公里，厂址定在诺基亚河旁。其公司命名为Nokia

Aktiebolag，瑞典语的字面意思是“诺基亚有限责任”。诺基亚的名称来源于诺基亚河，而传说诺基亚河又是以一种黑色皮毛啮齿类动物而命名，其名为诺基亚，英文是“mustelid”，为鼬类家族中的一员。

1918 年至 1922 年，芬兰橡胶厂分别购买了诺基亚有限责任公司和芬兰电缆厂大部分股权。虽然这三家公司是在同一中央管理机构组织下运行，但直到 1966 年才正式合并，成为现在的诺基亚集团。因此，爱德华·波隆是诺基亚公司真正的创始人。他于 1898 年创办了生产橡胶鞋类的公司。到 1914 年，由于市场被国际大厂商垄断，公司年年亏损。第一次世界大战爆发后，国外竞争者减少，而市场新的需求增加了。与此同时，由于芬兰国内通货膨胀，致使其积累的大部分债务减少，橡胶厂开始兴旺起来。1966 年，三家公司正式合并，新公司命名为Oy Nokia Ab，首席执行官由电缆厂的总经理比约恩·韦斯特朗出任。严格地说，另两家公司是被最小的 Nokia Ab 兼并的。这是因为根据当时芬兰的法律规定，林业产品公司不能并入另一家公司，但它本身可以兼并其他公司。将兼并后新的集团命名为诺基亚，是因为诺基亚已成为橡胶公司的知名品牌。

【思考题】

1. 诺基亚有限责任公司是由什么来命名的？
2. 诺基亚集团是由哪几家公司创建的？
3. 诺基亚集团是通过收购、合并还是兼并方式而创建的？

一个企业不是单纯的盈利单位，利润最大化是一种过时的管理思想。现代企业应追求企业价值的最大化。

6 做熟不做生

第 1 课　合作条件
第 2 课　合资条件
第 3 课　聘请法律顾问

交际任务：海外直接投资

一、分析说明投资原因、合作方式与条件
二、分析说明投资项目与产品市场
三、聘请某人为法律顾问或律师

话题背景

中国加入 WTO 后，市场准入条件逐年放宽，各项法律法规的透明度不断提高，投资的领域更加宽泛。具体来说，外商来华投资的热点已从以工业为主逐步转向服务业，而那些有实力的中国企业也纷纷走出国门，到国外投资建厂。这一变化，不外乎有两个原因：第一，从全球经济发展看，服务业已成为今后 GDP 增长的新亮点，投资前景看好；第二，从投资环境看，随着硬环境的不断完善，投资商更看重软环境的变化。说到底，上述变化说明了一个问题，投资方向的转变是企业可持续发展战略所决定的。

俗话说"隔行如隔山"，投资者选择自己熟悉的行业，就能拥有更多的信息，知道市场发展的方向，就能够做出正确的判断与决策。

There are more accesses to China's market with its entrance into WTO. China's laws and regulations are also becoming more transparent and internationalized. All these are making the country a more attractive market for foreign investments. On the one hand, most foreign investments are oriented to the service business rather than to the industry in recent years. On the other hand, competitive Chinese companies start to invest and establish plants abroad as well. The transformation results from two factors. First, from the perspective of global economic development, it is believed that service industry has become the new spotlight of further GDP growth and thus makes its investment prospect quite promising. Second, from the perspective of investment environment, it's believed that with maturation of hard environment, investors lean more heavily on soft environment. In conclusion, the shift of investment orientations is caused by sustainable development strategy of enterprises.

As the popular saying goes, "Industries differ greatly". If an investor chooses an industry he is familiar with, he will be better informed about the market development and thus be able to make the right judgment and decision.

关键词语

海外投资：

走出去 (zǒu chūqu)　投资项目 (tóuzī xiàngmù)　投资地区 (tóuzī dìqū)　合资伙伴 (hézī huǒbàn)　投资回报率 (tóuzī huíbàolǜ)　投资回收期 (tóuzī huíshōuqī)

经营管理 (jīngyíng guǎnlǐ)　论证 (lùnzhèng)　再生能源 (zàishēng néngyuán)　以……作为…… (yǐ……zuòwéi……)　说到底 (shuōdàodǐ)　潜在市场 (qiánzài shìchǎng)

看好 (kàn hǎo)　聘请 (pìnqǐng)　法律顾问 (fǎlǜ gùwèn)

1 合作条件

词语准备

词语跟读

1	度假村	dùjiàcūn	（名）	vacation village 听朋友说，你打算收购一家度假村。
2	一晃	yíhuàng	（动）	pass in a flash 时间过得真快，一晃五年没见面了。
3	开业	kāiyè	（动）	start a business; open for business; go into operation W公司在华的子公司近期就要开业了。
4	创意	chuàngyì	（名）	originality 叫我说啊，这个策划很有创意。
5	看中	kànzhòng	（动）	take a fancy to 如果看中了，请尽快通知对方。
6	风光	fēngguāng	（名）	scene; view; sight 这里青山绿水，风光很美，是旅游的好地方。
7	知己	zhījǐ	（形／名）	intimate; bosom friend 他们俩是一对知己的好朋友。/ 他可真是你的知己，对你的习惯很了解。
8	运作	yùnzuò	（动）	operate 由于资金不到位，无法提前运作。
9	搁浅	gēqiǎn	（动）	run aground; be stranded 谈判又搁浅了，不知什么时候才能开始。
10	放手	fàngshǒu	（动）	let go; release; let go one's hold 只要舍得放手，就会抓住新的机会。

专名

	詹姆斯	Zhānmǔsī	［人名］	James, name of a person

2 熟语学习

1. **无事不登三宝殿** wú shì bù dēng sānbǎodiàn One never goes to the temple for no reason; I wouldn't come to you if I hadn't something to ask of you.

成语。"三宝殿"是指"佛殿"。比喻无事不来某处，有事才来。本课中表示说明来意，有时也表示对他人的不满。例如：

① A：你怎么有空儿来啦？
　B：我啊，无事不登三宝殿。

② 想必你也知道，他是无事不登三宝殿，又有事求你来了。

2. **情有独钟** qíngyǒudúzhōng show special preference (favor) to

成语。也说"情之独钟"。"钟"指（情感等）集中、专注。意思是对某事或某人十分专注，常表示感情不变、专一。例如：

① 我当了一辈子老师，对这一行我是情有独钟。

② 她这样对你，可你还是对她情有独钟，很难理解。

3. **醉翁之意不在酒** zuìwēng zhī yì bú zài jiǔ the Old Tippler's delight does not reside in wine; have ulterior motives

成语。宋代欧阳修在著名散文《醉翁亭记》中写道："醉翁之意不在酒，在乎山水之间也。"此后用来表示本意不在此，而在别的方面。常用于推测他人做某事的真正目的。例如：

A：张老板，难道你对海外投资不感兴趣？
B：这么说，你这次来休假，醉翁之意不在酒啊。

情景会话

【人物】沈怀德：中国民营企业家
　　　詹姆斯：澳大利亚客商

【场景】在L乡村度假村的前厅，沈老板与刚到的詹姆斯见面。

沈怀德：从上次分手，一晃有两年啦。

詹姆斯：可不。你的度假村都开业一年多了。
沈怀德：那是啊。怎么有空儿来休假啦？
詹姆斯：我呀，无事不登三宝殿。
沈怀德：哦，说说看。
詹姆斯：沈老板，我一直很好奇，你怎么不在海边建度假村呢？
沈怀德：这个嘛，不是没想过。
詹姆斯：那怎么会有这个创意？
沈怀德：不瞒你说，之所以在这儿投资，一方面是看中了它的地理位置，另一方面是自然条件吸引了我。（分析说明投资原因）
詹姆斯：哦，有眼光。作为一个以传统农业为主的乡村，这里的田园风光、新鲜的空气，的确有种回家的感觉。
沈怀德：是啊，原因就是这个。
詹姆斯：沈老板，照这么说，对澳洲的乡村你也是情有独钟啦？（以推断方式说明来意）
沈怀德：哦，你这次来恐怕是醉翁之意不在酒吧？
詹姆斯：沈老板，你可真是我的知己呀。
沈怀德：这么说，你早有打算。
詹姆斯：你比我清楚，中国企业走出去的越来越多，难道你不想？
沈怀德：这事说着容易，真要运作起来，可大有文章。
詹姆斯：那倒是。听说你要去泰国投资。
沈怀德：嗐，不好说。本打算在泰国收购一家度假村，后来又搁浅了。
詹姆斯：怎么样？跟我合作。
沈怀德：嗯，这个嘛……倒也行，可你是搞贸易的。
詹姆斯：这不假。现在啊，我正在策划一个旅游房地产开发项目。
沈怀德：你是说在澳洲投资？
詹姆斯：对呀，说真的，感兴趣吗？
沈怀德：这个……说说你的计划。
詹姆斯：要是合作，我以土地使用权作为出资，包括基础设施的建设。
沈怀德：那我呢？
詹姆斯：负责项目资金的一半，分两次出。（说明合作方式）
沈怀德：那企业的经营管理呢？
詹姆斯：要是你同意，可以聘请职业经理来负责。
沈怀德：哦，如果投资回收期短，还是有吸引力的。（说明合作条件）
詹姆斯：这个，再商量。希望你去考察一下。
沈怀德：话又说回来，泰国那儿，真有点儿舍不得放手。

詹姆斯：单从税收上看，是这样。

沈怀德：你也知道，国情不同，有些方面差距很大。

詹姆斯：让我看，各有利弊。

沈怀德：算啦，回头再聊。走，去看看我的度假村。

詹姆斯：也好，还有时间。

情景会话要点

人物关系	投资地区	投资项目	投资方式	经营管理	投资环境
沈怀德（中方）	中国的乡村	经营度假村	自主经营	?	地理位置 自然条件
	泰国		收购方式		税收优惠
詹姆斯（澳商）	商标申请注册人	旅游房地产	项目资金的一半，分两次支付	职业经理	投资回收期短
			土地使用权，基础设施建设		各有利弊

课堂练习

一 问一问

◆ 以第三者的身份回答下列问题：

1. 为什么沈老板选择在乡村建度假村？
2. 詹姆斯先生这次来度假村的目的是什么？
3. 关于这个合作项目，沈老板是什么态度？
4. 关于这个合作项目，詹姆斯先生有什么打算？
5. 关于这个合作项目，沈老板为什么迟迟不表态？

二 说一说

◆ 如何以分析方式向对方说明自己的看法？例如：

1. 沈老板，照这么说，对澳洲的乡村你也是情有独钟啦？
2. 哦，你这次来恐怕是醉翁之意不在酒吧？
3. 这事说着容易，真要运作起来，可大有文章。
4. 嗐，不好说。本打算在泰国收购一家度假村，后来又搁浅了。
5. 话又说回来，泰国那儿，真有点儿舍不得放手。

三 分组表演

◆ 你是当地的投资商，说明对方的来意以及在此投资的原因：

提示词语：让我看　不瞒你说　之所以……，一方面……，另一方面……　你看

提示句子：让我看，这次来度假，恐怕是醉翁之意不在酒吧？不瞒你说，之所以在这儿投资，一方面是看中它的地理位置，另一方面是自然条件吸引了我。你看，原因就这么简单。

◆ 你是澳洲的投资商，劝说对方与你合作：

提示词语：照这么说　你比我清楚　听说　怎么样　说真的　你看啊　这样行吗

提示句子：
1. 沈老板，照这么说，对澳洲的乡村你也是情有独钟啦？你比我清楚，中国企业走出去的越来越多，难道你不想？
2. 听说，你打算去泰国投资旅游房地产。怎么样？跟我合作。现在啊，我正在策划一个旅游房地产开发项目。说真的，感兴趣吗？
3. 你看啊，如果与你合作，我以土地使用权作为出资，包括基础设施的建设。你负责项目资金的一半，分两次出。要是你同意，可以聘请职业经理来管理。这样行吗？

◆ 你是外来投资商，说明自己的要求或想法：

提示词语：话又说回来　不瞒你说

提示句子：
1. 你看，如果投资回收期短，还是有吸引力的。话又说回来，泰国那儿，有点儿舍不得放手。
2. 不瞒你说，本打算在泰国收购一家度假村，后来又搁浅了。这事……说着容易，真要运作起来，可大有文章。话又说回来，单从税收上看，差距就很大。你也知道，国情不同，各有利弊。

课后练习

练一练

▲ 用指定词语或结构说明你的看法或意见：

1. 他不知该不该去看小李，所以没有说话，你如何说明这个原因？

______________________（原因就在这里）

2. 听李总说的话，好像对这个投资项目也感兴趣，你如何确认他的想法？

______________________（照这么说）

3. 对方认为你是搞贸易的，不了解导游工作，你如何纠正他的看法？

______________________（这不假）

2 合资条件

词语准备

1 词语跟读

1	董事	dǒngshì	（名）	director; trustee 通知所有董事，下周一召开董事会。
2	赞同	zàntóng	（动）	approve of; agree with 好消息，你的方案董事会通过啦，全票赞同。
3	太阳能	tàiyángnéng	（名）	solar energy 公司准备投资太阳能产品的开发。
4	论证	lùnzhèng	（动）	demonstration; proof 经专家论证后才能做出最后决定。
5	节能	jiénéng	（形）	energy-saving 我们工厂生产的冰箱是节能产品。
6	看好	kànhǎo	（动）	promise a good prospect; look to further increases 我看好中国的旅游市场，大有发展潜力。
7	上马	shàngmǎ	（动）	start 这个项目年底前就可以上马。
8	先决	xiānjué	（形）	precondition 合资的先决条件是我方要拥有控股权。
9	棘手	jíshǒu	（形）	thorny; troublesome; knotty; difficult to handle 不瞒您说，这事儿很棘手，不太好办。
10	恭候	gōnghòu	（动）	await respectfully 拜托了，金先生，那我就恭候佳音啦。

2 熟语学习

1. 换个角度说 huàn ge jiǎodù shuō in another position; in another way

固定短语。意思是从另一个方面来分析某个问题或现象等，常用于说明自己的看法或意见。例如：

A：总裁怎么这样决定呢？真让人无法理解。

B：换个角度说，他也有他的难处啊。

2. 天时、地利、人和 tiānshí, dìlì, rénhé favorable timing, geographical and human conditions

固定短语。意思是做某事时的时间、地理、人气等三方面都具有优势，这样可能会成功。常表示机会难得。例如：

A：我相信这次一定能够成功。

B：可不，天时、地利、人和都有了。

3. 万事俱备，只欠东风 wànshì-jùbèi，zhǐqiàn-dōngfēng Everything else is ready, except one crucial element.

成语。三国时，周瑜计划火攻曹操，一切都准备好了，只差东风还没刮起来，不能顺风放火。（见中国古典小说《三国演义》）现在比喻样样都准备好了，只差最后一个重要条件。常用来表示某种愿望急于实现。例如：

A：只要董事会批准，就可以运作了。

B：可不，万事俱备，只欠东风啦。

情景会话

【人物】朱建锋：中方投资者

路易斯：西班牙 R 公司总裁

【场景】在西班牙 R 公司，朱经理按约定的时间去拜访路易斯总裁。

朱建锋：这是我的名片，提前约好的。

秘　书：（看一下）请稍等，这边坐。

朱建锋：好的，谢谢。

路易斯：（走出来）抱歉，抱歉，有个重要电话，让你久等啦。

朱建锋：哪里，登门拜访，多有打扰。

路易斯：（边走边说）请，里面谈。

朱建锋：好的。有些事，电话里说不清。

路易斯：我知道，请坐。这个事啊，还得等等。

朱建锋：你看，总部催得紧，希望早日确定合资对象。

路易斯：材料嘛已经提交各位董事，下周一召开董事会。

朱建锋：是这样，我准备回国一趟。

路易斯：我说的嘛，怎么这么急。

朱建锋：不瞒您说，有两家公司与我们联系，也希望合作。

路易斯：你是说，要尽快决定，对吧？

朱建锋：是这样，对不起。

路易斯：我啊，私下和高管们交换了意见，大部分表示赞同。

朱建锋：如果董事会通过，可以马上运作，对吧？

路易斯：应当说，明年上半年可以投产。

朱建锋：最好年底前。您也知道，要抓住商机嘛。

路易斯：那是。开发太阳能产品，有利于保护环境。

朱建锋：那是，各国政府都非常欢迎这类项目投资。

路易斯：对，利用、开发再生能源，可以享受优惠政策。

朱建锋：那是。投资好的项目，等于成功一半。

分析说明投资项目的优势

路易斯：你看，还需要搞些调查。

朱建锋：我们委托L机构，进行了项目论证。

路易斯：太好啦！他们的结论呢？

朱建锋：在欧盟地区投资大有发展潜力。

路易斯：这正是我们所希望的。

朱建锋：从消费观念看，人们更注重实用、节能。

路易斯：对，生产太阳能产品，可以满足绿色消费。

朱建锋：是这样，我们更看好它的潜在市场。

路易斯：换个角度说，欧盟各国形成一个既统一又封闭的市场。

朱建锋：这个啊可以说各有利弊，但商机无限。

路易斯：你是说，这是个双赢的项目。

分析说明消费观念及市场的变化

朱建锋：听您这么说，我很高兴。

路易斯：对产品的前景，我有信心。

朱建锋：依我的观点，应该尽早上马。
路易斯：这要看贵方的啦，我们一直在等。
朱建锋：哦？您是说，双方所占投资股比的份额？
路易斯：对呀，这是我们合作的障碍。
朱建锋：闹了半天，是为这个。
路易斯：也不全是。
朱建锋：总裁先生，我方拥有控股权，这是先决条件。
路易斯：你看，又回到原来的话题啦，问题就在这儿。
朱建锋：要是这样，我无法给您一个满意的答案。
路易斯：看来，这个问题很棘手。
朱建锋：不至于吧。您看，投资回报率是很高的。
路易斯：你也知道，我们熟悉当地市场的商情。
朱建锋：很抱歉，如果接受这一条件，下个月就可以签约。
路易斯：朱经理，说白了，要是不接受呢？
朱建锋：看您说的，天时、地利都已具备，只欠你们这股“东风”啦。
路易斯：说得好。这样吧，下周一，等我的消息。
朱建锋：那我就恭候佳音啦。您忙，我先告辞啦。

说明双方的分歧

说明合作的条件

礼貌地表示愿意合作

礼貌地结束谈话

情景会话要点

合资对象		投资地区和项目	合资条件	双方的优势	表达方式
外来投资者	中方	西班牙，生产太阳能产品	拥有控股权	投资回报率高	换个角度说 依我的观点 你也知道
当地合作者	R 公司		拥有控股权	熟悉市场商情，享受优惠政策	
	两家公司		拥有控股权		

课堂练习

一 问一问

◆ 以第三者的身份回答下列问题：

1. 朱建锋为什么去拜访路易斯总裁？
2. R公司决定与中方合资生产太阳能产品了吗？
3. 经L机构论证，在欧盟地区投资发展前景如何？
4. 关于合资的问题，双方的分歧是什么？
5. 从哪几句话可以看出，中方非常希望与对方合作？

二 说一说

◆ 如何向对方说明你的看法或想法？例如：

1. 他们的结论是，在欧盟地区投资大有发展潜力。
2. 从消费观念看，人们更注重实用、节能。
3. 换个角度说，欧盟各国形成一个既统一又封闭的市场。
4. 你看，我们又回到原来的话题啦，问题就在这儿。
5. 看您说的，天时、地利都已具备，只欠你们这股“东风”啦。

三 分组表演

◆ 你是当地的合作者，向对方说明你的看法或意见：

提示词语：应当说　换个角度说　你看　问题就在这儿　你也知道

提示句子：1. 我啊，私下和高管们交换了意见，大部分表示赞同。应当说，明年上半年可以投产。

2. 换个角度说，欧盟各国形成一个既统一又封闭的市场。这个啊可以说各有利弊，但商机无限。利用、开发再生能源，可以享受优惠政策。这是个双赢的项目。

3. 你看，我们又回到原来的话题啦，问题就在这儿。这要看贵方的啦，我们一直在等。你也知道，我们熟悉当地市场的商情。

◆ 你是外来投资商，分析投资项目和投资地区的市场状况：

提示词语：叙述句（提出问题）＋换个角度说……（分析问题）＋依我的观点……（看法/意见）……

提示句子：1. 各位，经L机构论证，开发、利用太阳能产品，在欧盟地区是大有发展潜力的。换个角度说，各国政府都非常欢迎这类项目投资，可以享受优惠政策。依我的观点，这个项目应尽早上马。

2. 赵经理，从消费观念看，人们更注重实用、节能。换个角度说，生产太阳能产品，可以满足绿色消费。依我的观点，更看好它的潜在市场。您看，投资回报率是很高的。

3. 这么说吧，投资好的项目，等于成功一半。您也知道，开发太阳能产品，有利于保护环境。换个角度说，各国政府都很欢迎这类项目投资，利用、开发可再生能源，可以享受优惠政策。依我的观点，这是个双赢的项目。

◆ 你是外来投资商，劝说对方与你合作：

提示词语：依我的观点　您也知道　再说了

提示句子：1. 依我的观点，应该尽早上马，最好年底前。您也知道，要抓住商机嘛。

2. 您看，天时、地利都已具备，只欠你们这股"东风"啦。再说了，投资回报率是很高的，希望贵方尽快决定。

课后练习

练一练

▲ 用指定词语或结构说明你的看法或意见：

1. 你突然明白某人为什么这么着急或生气，如何表示自己能够理解？

________________（我说的嘛）

2. 如果你方不接受这一条件，对方就不同意合资，如何确认对方意见？

________________（说白了）

3. 如果你不同意对方的某种看法或意见，如何向对方表达自己的意见？

________________（看您说的）

3 聘请法律顾问

词语准备

1 词语跟读

1	事务所	shìwùsuǒ	（名）	office; firm 他在永胜律师事务所工作。
2	鼎力	dǐnglì	（副）	your utmost efforts 多亏您鼎力相助，万分感谢。
3	尝试	chángshì	（动）	try 既然没做过，可以尝试一下嘛。
4	虔诚	qiánchéng	（形）	pious 他是一个虔诚的基督教徒。
5	储量	chǔliàng	（名）	reserves 据考察，那儿的矿产储量非常丰富。
6	开采	kāicǎi	（动）	mine; extract; exploit 听说，在这个地区要开采石油。
7	品位	pǐnwèi	（名）	tenor; taste 收购的那家铁矿企业，矿石的品位很高。
8	善后	shànhòu	（动）	cope with the aftermath of a disaster; deal with problems arising from an accident, disaster; etc. 合资期满后，公司派人去处理善后事宜。
9	法规	fǎguī	（名）	laws and regulations; rule 说白了，外商应该遵守当地的法律法规。
10	隐患	yǐnhuàn	（名）	hidden trouble; latent danger; lurking peril; hidden danger 如果不马上解决这件事，可能会留下隐患。

专名

秘鲁	Bìlǔ	[国家名]	Peru

熟语学习

1. 远水解不了近渴　yuǎnshuǐ jiě bu liǎo jìnkě　distant water cannot quench present thirst; the aid is too slow in coming to be of any help

俗语。也说“远水不解近渴”。比喻缓慢的解决办法不能满足急迫的需要。常表示不同意或提出新的愿望。例如：

A：这事儿我做不了主，还是等黄经理回来再说。
B：那就晚了。远水解不了近渴，再想想办法。

2. 一事不烦二主　yí shì bù fán èr zhǔ　no two irritated masters of the matter

俗语。意思是拜托一人来做两件或几件事，常用于请求某人再做其他的事。例如：

A：赵总，这个项目由谁来设计呢？
B：一事不烦二主，还是由贵方来设计，好吗？

情景会话

【人物】欧阳清：中国康德钢铁集团总经理
　　　　卡多佐：秘鲁L律师事务所律师
【场景】在中国康德钢铁集团的会客室，卡多佐先生与欧阳清见面。

欧阳清：让我以董事长的名义，向你表示欢迎！
卡多佐：噢，谢谢。这次受贵方的邀请，万分感谢！
欧阳清：应该的。这次收购成功，多蒙鼎力协助。
卡多佐：哪里，哪里。说到底，还是贵方有实力。
欧阳清：说实话，通过其他渠道也尝试过，可没结果。
卡多佐：缘分吧，上帝总是愿意帮助那些虔诚的人。

欧阳清：说得好，谋事在人，成事在天嘛。

卡多佐：那倒是。

欧阳清：看来，我们是找对人啦。

卡多佐：当初啊，我也没底儿。

欧阳清：这我信。我们先后考察了四个国家，这个投资项目最理想。

卡多佐：这么说，机会难得？

欧阳清：可以这么说。

卡多佐：我知道，那儿的铁矿储量很大，全部是露天开采。

欧阳清：是这样，经过反复论证，我们才决定收购。

卡多佐：我觉得，那儿的原矿品位高，有害杂质少。

分析说明投资项目的优势

欧阳清：哦？你怎么对那儿这么了解？

卡多佐：哦，我在那儿长大的，上大学时才离开。

欧阳清：是吗！太好啦。

卡多佐：你看，我很愿意为家乡做点儿事儿。

欧阳清：不错，这可真是上帝的安排。

卡多佐：希望还有机会合作。

欧阳清：你的汉语说得真不错。

卡多佐：凑合吧，在中国留过四年学。

欧阳清：太好啦，你正是我们要聘请的人。

卡多佐：贵方的意思是？

欧阳清：你也知道，我们是以独资方式经营，有些事需要马上处理。

卡多佐：我听说，交接的善后工作已经开始了。

欧阳清：是啊，问题是不太了解贵国的法律法规。

卡多佐：这个，倒也是。要是处理不当，恐怕会留下隐患。

欧阳清：你看，远水解不了近渴，希望和你继续合作。

分析说明聘请对方的原因

卡多佐：说老实话，我还是有些听不懂。

欧阳清：直说了吧，一事不烦二主。说白了，想请你做我们的法律顾问，行吗？

卡多佐：哦，谢谢，谢谢贵方的信任。

欧阳清：不客气，这事呢回头再细谈。

卡多佐：好的，最好有书面的东西。

礼貌地提出要求

欧阳清：那是。还有，今天啊董事长在王府酒家设晚宴，为你接风洗尘。

卡多佐：噢，谢谢，谢谢贵方的盛情招待。

礼貌地发出邀请

情景会话要点

<table>
<tr><th>人物关系</th><th>投资地区</th><th>投资类型</th><th>投资项目</th><th>聘请
原因与条件</th><th>表达方式</th></tr>
<tr><td>欧阳清
（总经理）</td><td>秘鲁</td><td>独资经营</td><td>收购铁矿企业</td><td>法律顾问；
善后工作；
法律法规；
留下隐患</td><td rowspan="2">以……名义
鼎力
说到底
你也知道
直说了吧
说白了</td></tr>
<tr><td>卡多佐
（律师）</td><td colspan="2">参与了收购工作</td><td>储量大；
露天开采；
原矿品位高；
有害杂质少</td><td>熟悉投资项目；
了解法律法规；
在那儿长大；
在中国留过学</td></tr>
</table>

课堂练习

一 问一问

◆ 以第三者的身份回答下列问题：

1. 中方这次邀请卡多佐先生来华的目的是什么？
2. 中方为什么要收购秘鲁那家铁矿企业？
3. 卡多佐认为，中方收购的那家铁矿企业怎么样？
4. 中方想聘请一位什么样的法律顾问？
5. 中方为什么急于聘请一名法律顾问？

二 说一说

◆ 如何向对方说明自己的看法？例如：

1. 哪里，哪里。说到底，还是贵方有实力。
2. 谋事在人，成事在天嘛。
3. 你也知道，我们是以独资方式经营，有些事需要马上处理。
4. 你看，远水解不了近渴，希望和你继续合作。
5. 直说了吧，一事不烦二主。说白了，想请你做我们的法律顾问，行吗？

三 分组表演

◆ 聘请某人为企业的法律顾问或律师，向他人说明你的想法：

提示词语：叫我说 你看 直说了吧 说白了 看来

提示句子：1. 叫我说，找对人啦。你看，他在那儿长大的，上大学时才离开。还有，在中国留过四年学，汉语说得不错。最重要的是，他了解当地的法律法规，而且熟悉这个投资项目。直说了吧，一事不烦二主。说白了，聘请他做法律顾问，再合适不过啦。

2. 看来，我们是找对人啦。谋事在人，成事在天嘛。你看，他既懂汉语，又了解当地的风俗习惯。最重要的是，熟悉这个投资项目。可以说，聘请他为律师，是最佳的选择。

◆ 聘请某人为企业的法律顾问或律师，向对方说明你的想法：

提示词语：你也知道 直说了吧 这么说吧 你看 说白了

提示句子：1. 你也知道，我们是以独资方式经营，有些事需要马上处理。直说了吧，一事不烦二主。希望和你继续合作。你看呢？

2. 这么说吧，交接的善后工作已经开始，可对当地的法律法规还不太了解。我们担心，要是处理不当，恐怕会留下隐患。你看，远水解不了近渴，希望和你继续合作，行吗？

3. 直说了吧，交接的善后工作已经开始，问题是我们不太了解当地的法律法规。说白了，想请你做我们的法律顾问 / 律师，怎么样？

◆ 向上司汇报海外投资项目的进展情况：

提示词语：你也知道 直说了吧

提示句子：1. 是这样，我们先后考察了四个国家，经过反复论证，才决定收购。你 / 您也知道，那儿的铁矿储量大，全部是露天开采。再有，原矿品位高，有害杂质少。我觉得，这个投资项目最理想。

2. 董事长，您也知道，我们是以独资方式经营，交接的善后工作已经开始。问题是，我们不太了解那儿的法律法规。要是处理不当，恐怕会留下隐患。直说了吧，一事不烦二主。我们希望聘请卡多佐先生为我们的法律顾问，希望董事会能尽快研究。

◆ 在商务活动中，向对方表示欢迎或欢送：

提示词语：以……的名义

提示句子：1. 让我以董事长的名义，向你表示欢迎！今天啊董事长在王府酒家设晚宴，为你接风洗尘。

2. 让我以公司的名义，向贵方表示感谢！董事长在王府酒家设午宴，为二位饯行。

◆ 在商务活动中，以称赞的方式表示感谢：

提示词语：多蒙……鼎力相助　说到底

提示句子：1. 说实话，能够收购成功，多蒙贵方鼎力相助。让我以董事会的名义，向贵方表示万分感谢！

2. 哪里，哪里，应该的。说到底，还是贵方有实力。这次受贵方的邀请，万分感谢。

◆ 在商务活动中，以感谢的方式提出要求：

提示词语：最好

提示句子：梁经理，感谢贵方的信任。您看，最好有书面的东西。

课后练习

练一练

▲ 用指定词语或结构说明你的看法或意见：

1. 对方一直没有决定，可能还在犹豫，你如何说明自己的看法？

______________________________（说到底）

2. 你认为这件事不能再拖了，应该马上处理，如何说明自己的意见？

______________________________（看来）

3. 你想告诉对方，因为那件事黄经理已经被辞退了，如何向对方说明？

______________________________（直说了吧）

背景广角

1. 如果采取合资或合作经营方式，合营双方可以什么作为出资？

What kinds of investment do both parties contribute if they agree to adopt sino-foreign joint ventures or sino-foreign cooperatives?

答:《中外合作经营企业法》第 8 条规定:“中外合作者的投资或者提供的合作条件可以是现金、实物、土地使用权、工业产权、非专利技术和其他财产权利。”根据《中外合资经营企业法》第 5 条规定:“合营企业各方可以现金、实物、工业产权等进行投资。”同时，还规定“外国合营者作为投资的技术和设备，必须确实是适合我国需要的先进技术和设备。如果有意以落后的技术和设备进行欺骗造成损失的，应赔偿损失”。

According to Article 8 of the *Law of the People's Republic of China on Chinese-Foreign Contractual Joint Ventures*, the investment or conditions for cooperation contributed by the Chinese and foreign parties may be provided in cash or in kind, or may include the right to the use of land, industrial property rights, non-patent technology or other property rights. According to Article 5 of the *Law,* each party to a joint venture may make its investment in cash, in kind or in industrial property rights, etc. The technology and the equipment that serve as the investment of the foreign partner in a joint venture must be advanced technology and equipment that actually suit our country's needs. If the foreign partner in a joint venture causes losses by deception through the intentional use of backward technology and equipment, it shall pay compensation for these losses.

2. 在什么条件下，外商可以先行回收投资？

Under what circumstances can the foreign party recover its investment ahead of time?

答:《中外合作经营企业法》第 21 条规定:“中外合作者依照合作企业合同的约定，分配收益或者产品，承担风险和亏损。”同时，还规定“中外合作者在合作企业合同中约定合作期满时合作企业的全部固定资产归中国合作者所有，可以在合作企业合同中约定外国合作者在合作期限内先行收回投资的办法。合作企业合同中约定外国合作者在缴纳所得税前回收投资的，必须向财政税务机关提出申请，由财政税务机关依照国家有关税收的规定审查批准”。此外，“依照前款规定外国合作者在合作期限内先行回收投资的，中外合作者应当依照有关法律的规定和合作企业合同的约定对合作企业的债务承担责任”。

According to Article 21 of the *Law of the People's Republic of China on Chinese-Foreign*

Contractual Joint Ventures, the Chinese and foreign parties shall share earnings or products, undertake risks and losses in accordance with the agreements prescribed in the contractual joint venture contract. If, upon the expiration of the period of a venture's operation, all the fixed assets of the contractual joint venture, as agreed upon by the Chinese and foreign parties in the contractual joint venture contract, are to belong to the Chinese party, the Chinese and foreign parties may prescribe in the contractual joint venture contract the ways for the foreign party to recover its investment ahead of time during the period of the venture's operation. If the foreign party, as agreed upon in the contractual joint venture contract, is to recover its investment prior to the payment of income tax, it must apply to the financial and tax authorities, which shall then examine and approve the application in accordance with the state provisions concerning taxes. If, according to the provisions of the preceding paragraph, the foreign party is to recover its investment ahead of time during the period of the venture's operation, the Chinese and foreign parties shall, as stipulated by the relevant laws and agreed in the contractual joint venture contract, be liable for the debts of the venture.

3. 什么是"民营经济"？

What is "non-governmental economy"?

答：也称"私营经济"。一般来说，民营经济的对象包括三个方面：一是民有民营经济，即个体工商户、私营企业等。二是国有、集体民营经济，即国有、集体企业采取承包、租赁、拍卖、兼并、入股等形式交给民间团体和个人经营。三是财产混合所有制民营经济。随着产权的流动和重组，各种所有制企业的资产通过股份制等形式构建新的财产所有制结构的企业，由民间团体或者个人经营。

"Non-governmental economy" is also called "private economy". Generally speaking, the entities of non-government economy are people-owned private economy, state-owned and collectively-owned private economy and property diversely-owned private economy. People-owned private economy includes individual industrial and commercial households and private enterprises, etc.; state-owned and collectively-owned private economy means non-governmental organizations or individuals who operate state-owned and collectively-owned enterprises (in the forms of contract, rental, auction, merger or shares, etc.); with regard to property diversely-owned private economy, non-governmental organizations and individuals shall, through property reshuffling and recombination, operate the enterprise on a new property ownership transformed by means of shares from property ownerships of various types.

4. 你了解中国民营企业的发展吗？

What do you know about the development of Chinese non-governmental economy?

答：随着经济体制改革的不断深入，中国家族企业逐步发展壮大，经历了四个阶段：第一阶段（1978年—1987年），1978年12月中共十一届三中全会后，私营企业开始萌芽探索；第二阶段（1988年—1991年），1988年中国政府颁布了《私营企业暂行条例》，私营企业得到了立法保护；第三阶段（1992年—1996年），1992年春邓小平南巡讲话，鼓励私营企业发展；第四阶段，1997年中共十五大肯定了非公经济是社会主义市场经济的重要组成部分，私营企业进入稳步发展阶段。随着改革开放的逐步扩大，家族企业已有了相当规模，采取独资企业、合伙企业、有限责任公司和股份有限公司等形式。

With the further development of China's economic reform, Chinese private enterprises have been growing and gone through four phases:

The first, 1978–1987, after the Third Plenary Session of the 11th Central Committee of the C.P.C. held in December of 1978, private economy was in the embryonic and exploratory period.

The second, 1988–1991, after the *Provisional Regulations of the People's Republic of China on Private Enterprises* was enacted in 1988, private enterprises have become legally supported and protected.

The third, 1992–1996, after Xiaoping Deng's speech delivered during his tour in the spring of 1992 in southern China, the development of private enterprises have been publicly encouraged by the state.

The fourth, on the 15th Party Congress held in 1997, non-public economies have been confirmed as the major components of the socialist market economy. The private enterprises have enjoyed a steady development. Their scale has been further expanding with vigorous practice of the reform and opening-up.

Now, Chinese non-governmental economy is taking diverse forms, such as exclusively-owned enterprises, cooperative enterprises, companies with limited liabilities, and joint stock limited companies, etc.

单元综合练习六

一 为加点的字选择正确的读音

1. 双赢（yíng / yín）
2. 心里没底（dǐ / dǐr）
3. 政策（chè / cè）
4. 棘手（cì / jí）
5. 秘鲁（mì / bì）
6. 尝试（cháng / cáng）
7. 隐患（huàn / huán）
8. 法律（lǜ / lì）
9. 打扰（rǎo / yǎo）

二 根据句子内容，选择正确答案（在合适的选项前画√，可选多项）

1. 在国际贸易中，“贸易壁垒”的方式主要有＿＿＿＿＿等等。

□技术标准　□直接投资　□许可证制　□配额制　□关税　□卫生检疫

2. 如果以合作方式经营，中外双方可能就＿＿＿＿＿等问题进行磋商。

□经营管理权　□投资金额　□利润分配方式　□投资股比

3. “三资企业”指的是＿＿＿＿＿等三种直接投资企业。

□收购　□合资　□独资　□兼并　□合作　□合并

4. 根据中国法律的规定，合营企业的外方可以＿＿＿＿＿作为出资方式。

□商标使用权　□专有技术　□专利技术　□土地使用权　□实物

5. “再生能源”指的是＿＿＿＿＿等可再利用的资源。

□风能　□核能　□地能　□生物能　□海洋能　□太阳能

三 为下列词语或结构选择合适的解释

1. 天时、地利、人和（　　）
2. 无事不登三宝殿（　　）
3. 一事不烦二主（　　）
4. 醉翁之意不在酒（　　）
5. 万事俱备，只欠东风（　　）

A. 只差一个重要条件就成功了。
B. 拜托一人来做几件事。
C. 有事才来。
D. 本意不在此，而在别处。
E. 各方面条件都具备了。

四 用指定词语或结构改述下列句子

1. 这个项目如果不下马，合作前景非常广阔。（上马）

2. 据权威人士分析，旅游房地产市场有发展前景。（看好）

3. 这事到底能不能办成，我心里也没数。（没底）

4. 由于金融危机的影响，投资商品房的项目又停了。（搁浅）

5. 我认为这事很难办，不如拖拖再说。（棘手）

案例分析

【案情】

2007 年 10 月 9 日，秘鲁 Q 公司在北京与中国 A、B 两公司签订了一份合作经营合同。2008 年 1 月 29 日，三方签订的合约被批准后，去北京工商行政管理局核发营业执照。此后，Q 公司先后引进衣车、衣架、模特模型等设备，共计 40 万元人民币（投资额）。根据合同规定，A 公司投资 20 万元人民币已经到位，B 公司也派了 5 名技术人员作为投资。开业后，三方合作顺利，很快盈利。两年后，Q 公司已全部收回其投资，并获取税后利润 15 万元人民币。在此期间，A 公司仅获利 19.3 万元人民币，B 公司获利 8.6 万元人民币。2010 年 1 月，Q 公司召回其在德盛时装公司的董事及经理人员，注销了在巴西的公司登记。同期，巴西融资租赁有限公司分别通知中国 A、B 两公司，Q 公司提供的设备是 Q 公司以德盛时装公司名义，以融资租赁的方式租借的，约定三年后交付租赁设备费用，并办理转让手续，希望德盛时装公司做好转移所有权的善后工作。

【要求】 Q 公司为什么会成功地实施欺诈？选用下列词语或结构来说明：
（提出问题）＋具体来说＋不外乎……（分析原因）＋第一，…… 第二，…… ＋说到底，上述…

课上讨论

题目：分析说明青岛啤酒集团是如何发展壮大的。

补充阅读

一、从“园区经济”谈起

可以说，“园区经济”是经济发展模式的一种创新，是前人没有走过的路。通过体制、制度、机制、环境等一系列创新实践，探索出一条符合经济发展规律的新路子。20 世纪 60 年代，美国西海岸旧金山的硅谷地区，依托斯坦福大学、加州大学的伯克利分校以及旧金山科研机构雄厚的知识资本和源源不断的创新投资，以超常速度发展 IT 及基因工程等高科技产业，成为举世瞩目的高科技产业基地。而“128 号公路经济带”（硅谷）已成为该地区的代名词，是国际“园区经济”的一种发展模式。

“园区经济”的发展模式是多元化的。20 世纪 80 年代，中国先后建立了 5 个经济特区。1981 年，经国务院批准，在深圳、珠海、汕头、厦门等 4 个沿海城市建立“经济特别开发区”。1988 年，又在海南岛创立了经济特区。为了营造宽松的经济发展环境，中国政府在上述地区放宽限制，制定法律法规，实行特殊的优惠政策，招商引资，使其成为中国经济发展最快的区域。目前，中国不仅有“高新技术产业开发区”，还创建了若干个“技术经济开发区”“工业园区”“高科技工业园”“留学人员创业园”“民营工业园”“环保产业园”“生态园”“农业科技园区”“工业生态经济园区”以及许多专业性的工业园区，如“医药工业园”“化工工业园”“陶瓷工业园”。

“经济园区”的主要特征：一是园区环境良好，是以高新技术产业为主体的新型产业群；二是走集约发展的道路；三是工业化、城市化、信息化、现代化同步推进；四是实施清洁生产，发展绿色产业，发展生态经济和循环经济，实现可持续发展；五是政府营造环境，企业创造财富，实现了政企分开。

二、经营之道

在 20 世纪 90 年代中期前，青岛啤酒集团实行跨地区扩张。1994 年，以 8000 万元全资收购扬州啤酒厂，并投入 4000 万元进行技术改造。1995 年，以 9000 万元控股西安汉斯啤酒厂，又投入 4000 万元进行基建技改工程。由于扩张成本过高，收购后一直处于亏损状态。为了扭亏为盈，公司把骨干人员派到西安汉斯，经过整合，该企业成为陕西的纳税大户。1997 年底，青岛啤酒集团与日本朝日啤酒株式会社合资，共同投资 5000 多万美元，在深圳建立青岛啤酒朝日有限公司，预计年产 10 万吨生啤酒。当年建成，当年投产，当年盈利，被业界公认为最佳组合。

在人们的印象中，好啤酒是因为水质好。青岛啤酒之所以有名气，与崂山的水不无关系。而在其他地方生产青岛啤酒，是否会受到影响？其实，现代生产技术已经解决了水质问题，只是一般消费者不了解罢了。为此，青岛啤酒集团制定了品牌系列。就是说，各地啤酒厂质量指标的要求都相当严格，但“身份”不同，如青岛啤酒的主品牌、系列品牌、区域性品牌和地方性品牌。而地方性品牌还是原来的商标，但在其上加上“青岛啤酒监制”的字样。这样有别于核心品牌，同时增强了可信度。再有，保持原有商标对当地消费者的亲近感。

快速而低成本扩张是青岛啤酒集团扩大生产规模的有效措施之一。1999 年，青岛啤酒集团的产量在全国率先突破 100 万吨，那年的市场占有率为 5.12%。那时，青岛和燕京统领国内啤酒品牌市场，而在香港的中资企业华润集团快速并购内地啤酒企业，形成了“三足鼎立”之势。2000 年 8 月 9 日，青岛啤酒集团收购上海嘉士伯 75% 的股权。同年 8 月 16 日，青岛啤酒收购美国亚洲投资公司控股的北京五星啤酒的股权。2002 年，青岛啤酒登陆台湾，在当地建厂生产啤酒。同年 10 月，青岛啤酒集团与世界上最大的啤酒商美国 AB 公司，签订了换股协议，实行战略联盟。2002 年，青岛啤酒集团的产销量达到 300 万吨，市场占有率达到 12%，成为啤酒业的领头羊。

（选编自《绝地反击兼并潮》,《经济日报》，2003 年 7 月 9 日）

【思考题】

1. 青岛啤酒集团通过什么方式实行跨地区扩张？
2. 青岛啤酒集团是如何制定品牌营销战略的？
3. 青岛啤酒集团是如何快速而低成本地扩大生产规模的？

拥有市场将会比拥有工厂更重要，拥有市场的唯一办法是拥有占市场主导地位的品牌。

词语总表

A

案子	ànzi	名	2/2

B

败火	bài//huǒ	动	2/3
半成品	bànchéngpǐn	名	4/1
包销	bāoxiāo	动	4/3
逼真	bīzhēn	形	4/2
边角料	biānjiǎoliào	名	4/3
标的	biāodì	名	3/3
不妨	bùfáng	副	5/2
不失为	bùshīwéi	动	3/2
不宜	bùyí	动	2/3

C

财团	cáituán	名	5/1
残次	cáncì	形	4/3
层次	céngcì	名	1/1
尝试	chángshì	动	6/3
唱白脸儿	chàng báiliǎnr		4/3
超标	chāobiāo	动	4/1
称职	chènzhí	形	3/3
承办	chéngbàn	动	1/3
惩罚	chéngfá	动	2/1
持平	chípíng	动	1/1
出岔子	chū chàzi		4/3
储量	chǔliàng	名	6/3
创新	chuàngxīn	动	3/2
创意	chuàngyì	名	6/1

D

搭桥	dā//qiáo	动	5/2
打款	dǎkuǎn	动	4/3
代理商	dàilǐ shāng	名	4/3
怠慢	dàimàn	动	2/3
单列	dānliè	动	1/2
淡雅	dànyǎ	形	1/3
递交	dìjiāo	动	2/1
鼎力	dǐnglì	副	6/3
董事	dǒngshì	名	6/2
董事会	dǒngshìhuì	名	5/1
度假村	dùjiàcūn	名	6/1
断言	duànyán	动	5/1
对等	duìděng	形	3/2

E

恶意	èyì	名	2/1

F

发行量	fāxíng liàng	名	1/3
法规	fǎguī	名	6/3
反差	fǎnchā	名	1/3
放手	fàngshǒu	动	6/1
风光	fēngguāng	名	6/1
辅料	fǔliào	名	4/2
覆盖面	fùgàimiàn	名	1/3

G

概率	gàilǜ	名	5/2
搁浅	gēqiǎn	动	6/1

供方	gōngfāng	名	2/3
工夫茶	gōngfuchá	名	1/2
公关	gōngguān	名	1/2
恭候	gōnghòu	动	6/2
工缴费	gōngjiǎofèi	名	4/1
工商局	gōngshāngjú	名	2/1
怪话	guàihuà	名	4/3
观望	guānwàng	动	2/2

H

含量	hánliàng	动	4/1
和气	héqi	形	2/3
户外	hùwài	名	1/2
活儿	huór	名	4/2

J

激发	jīfā	动	1/1
机遇	jīyù	名	5/2
棘手	jíshǒu	形	6/2
加盟	jiāméng	动	5/1
鉴于	jiànyú	介	3/2
交付	jiāofù	动	3/1
接替	jiētì	动	3/1
结案	jié//àn	动	2/2
节能	jiénéng	动	6/2
近似	jìnsì	形	2/1
经纪人	jīngjìrén	名	2/3
举报	jǔbào	动	2/2
举证	jǔzhèng	动	2/2

K

卡通	kǎtōng	名	4/2
开采	kāicǎi	动	6/3
开业	kāiyè	动	6/1
开支	kāizhī	名	1/2
刊播	kānbō	动	1/2
看好	kànhǎo	动	6/2
看中	kànzhòng	动	6/1
看重	kànzhòng	动	5/2
控股	kòng//gǔ	动	5/1
会计	kuàijì	名	1/2

L

力度	lìdù	名	5/1
联手	liánshǒu	动	5/3
连同	liántóng	连	2/3
灵通	língtōng	形	5/3
论证	lùnzhèng	动	6/2

M

买断	mǎiduàn	动	2/3
卖关子	mài guānzi		4/1
毛绒	máoróng	名	4/2
没戏	méi//xì	动	4/3
美言	měiyán	动	1/3
面料	miànliào	名	1/1
民营	mínyíng	形	5/2
明摆着	míngbǎizhe		2/2
慕名	mùmíng	动	5/3

N

年度	niándù	名	1/1

P

赔不是	péi búshi		5/1
培训	péixùn	动	3/2
披露	pīlù	动	3/2
品位	pǐnwèi	名	6/3
屏幕	píngmù	名	1/1
破费	pòfèi	动	5/2

Q

沏	qī	动	1/2

起色	qǐsè	名	1/1
虔诚	qiánchéng	形	6/3
前提	qiántí	名	3/1
侵权	qīnquán	动	2/2
全权	quánquán	名	2/1
R			
热衷于	rèzhōngyú		5/2
容量	róngliàng	名	5/3
S			
扫兴	sǎo//xìng	动	4/2
上策	shàngcè	名	5/2
上马	shàngmǎ	动	6/2
善后	shànhòu	动	6/3
善意	shànyì	名	2/2
赏光	shǎngguāng	动	2/3
失敬	shījìng	动	1/2
试车	shìchē	动	3/3
事务所	shìwùsuǒ	名	6/3
示意	shìyì	动	3/2
收购	shōugòu	动	5/1
收视率	shōushì lǜ	名	1/3
受方	shòufāng	名	2/3
授权	shòuquán	动	3/1
恕	shù	动	3/1
私了	sīliǎo	动	2/1
私下	sīxià	副	5/3
私自	sīzì	副	4/1
诉求	sùqiú	名	1/1
算账	suàn//zhàng	动	1/2
所有权	suǒyǒuquán	名	3/2
T			
太阳能	tàiyángnéng	名	6/2
摊牌	tān//pái	动	2/3
摊子	tānzi	名	2/3
同一	tóngyī	形	3/3
透风	tòu//fēng	动	4/3
图样	túyàng	名	1/3
图纸	túzhǐ	名	4/2
W			
挖墙脚	wā qiángjiǎo		4/2
玩具	wánjù	名	4/2
未知数	wèizhīshù	名	1/1
误导	wùdǎo	动	2/1
物色	wùsè	动	1/3
X			
先决	xiānjué	形	6/2
先例	xiānlì	名	3/3
小看	xiǎokàn	动	2/2
泄密	xièmì	动	3/2
续展	xùzhǎn	动	2/1
寻求	xúnqiú	动	5/2
Y			
研发	yánfā	动	4/1
验收	yànshōu	动	3/3
仰仗	yǎngzhàng	动	1/1
依赖	yīlài	动	5/1
一晃	yíhuàng	动	6/1
一揽子	yìlǎnzi	形	3/2
异议	yìyì	名	2/1
隐患	yǐnhuàn	名	6/3
印戳	yìnchuō	名	3/1
域名	yùmíng	名	2/2
预算	yùsuàn	名	1/2
预支	yùzhī	动	1/2

运作	yùnzuò	动	6/2

Z

在先	zàixiān	动	2/2
赞同	zàntóng	动	6/2
知己	zhījǐ	形 / 名	6/1
指定	zhǐdìng	动	4/2
制约	zhìyuē	动	5/1
专利	zhuānlì	名	3/1
自制	zìzhì	动	3/3

专有名词

秘鲁	Bìlǔ	[国家名]	6/3
长三角	Cháng-Sānjiǎo	[地区名]	5/3
寿田会社	Shòutián Huìshè	[公司名]	5/3

人名

马斯洛	Mǎsīluò	1/1
詹姆斯	Zhānmǔsī	6/1

熟语总表

A		
爱莫能助	àimònéngzhù	5/2
B		
八九不离十	bā jiǔ bù lí shí	5/2
不按常理出牌	bú àn chánglǐ chūpái	2/3
不谋而合	bùmóu'érhé	5/1
D		
打退堂鼓	dǎ tuìtánggǔ	2/3
当断不断，必受其乱	dāng duàn bú duàn，bì shòu qí luàn	2/1
当仁不让	dāngrén-búràng	1/3
等米下锅	děng mǐ xià guō	4/3
F		
付之东流	fùzhī-dōngliú	3/1
G		
甘蔗没有两头甜	gānzhe méiyǒu liǎngtóu tián	3/1
隔行如隔山	gé háng rú gé shān	1/1
恭敬不如从命	gōngjìng bùrú cóngmìng	1/2
过河拆桥	guòhé-chāiqiáo	4/2
H		
好心不得好报	hǎoxīn bù dé hǎo bào	4/2
何乐而不为	hé lè ér bù wéi	5/2
换个角度说	huàn ge jiǎodù shuō	6/2
J		
机不可失，时不再来	jī bù kě shī，shí bù zài lái	5/2
鸡飞蛋打	jīfēi-dàndǎ	4/2
兼而有之	jiānéryǒuzhī	1/3

酒好也怕巷子深	jiǔ hǎo yě pà xiàngzi shēn	1/1

N

哪壶不开提哪壶	nǎ hú bù kāi tí nǎ hú	4/3

P

刨根问底	páogēn-wèndǐ	3/3

Q

亲兄弟，明算账	qīn xiōngdì，míng suànzhàng	1/2
情有独钟	qíngyǒudúzhōng	6/1

R

让人牵着鼻子走	ràng rén qiānzhe bízi zǒu	4/1
如此说来	rúcǐ shuō lái	3/2

S

水到渠成	shuǐdào-qúchéng	5/3
说曹操，曹操就到	shuō Cáo Cāo，Cáo Cāo jiù dào	2/1

T

天时、地利、人和	tiānshí、dìlì、rénhé	6/2
退一步，海阔天空	tuì yí bù，hǎi kuò tiān kōng	3/1

W

万事俱备，只欠东风	wànshì-jùbèi，zhǐqiàn-dōngfēng	6/2
为时过早	wéishí guò zǎo	1/1
无风不起浪	wú fēng bù qǐ làng	5/3
无可非议	wúkěfēiyì	2/2
无事不登三宝殿	wú shì bù dēng sānbǎodiàn	6/1

X

先礼后兵	xiānlǐ-hòubīng	2/1
先小人，后君子	xiān xiǎorén，hòu jūnzǐ	3/2
显而易见	xiǎn'éryìjiàn	3/2
小不忍则乱大谋	xiǎo bù rěn zé luàn dà móu	4/1
心急吃不了热豆腐	xīn jí chī bù liǎo rè dòufu	3/3
心有灵犀一点通	xīn yǒu língxī yì diǎn tōng	5/1

Y

言归正传	yánguīzhèngzhuàn	2/2
一目了然	yímù-liǎorán	1/2
一事不烦二主	yí shì bù fán èr zhǔ	6/3
以次充好	yǐ cì chōng hǎo	4/3
一石激起千层浪	yì shí jīqǐ qiān céng làng	2/2
议事日程	yìshì rìchéng	5/1
因小失大	yīnxiǎo-shīdà	3/3
游戏规则	yóuxì guīzé	2/1
有层窗户纸没有捅破	yǒu céng chuānghuzhǐ méiyǒu tǒngpò	2/3
欲速则不达	yù sù zé bù dá	1/3
远水解不了近渴	yuǎnshuǐ jiě bu liǎo jìnkě	6/3

Z

在一棵树上吊死	zài yì kē shùshang diàosǐ	4/1
纸上谈兵	zhǐshàng-tánbīng	5/3
醉翁之意不在酒	zuìwēng zhī yì bú zài jiǔ	6/1